VISIBILIDAD ONLINE

6 FASES PARA EL ÉXITO DIGITAL DE TU NEGOCIO

Ideas de negocios online que generan dinero.
Crea una web profesional con WordPress.
#1 en Google con SEO.
Publicidad efectiva.
Usabilidad.
Analítica web.

BERNAT RIERA

DEDICACIÓN

A los que no se conforman y buscan la mejora continua. A los que aprenden y emprenden.

A mi madre. La única que me dice "hazlo", sin importar el qué.

A mi mujer. La que me observa paciente mientras lo hago.

CONTENIDO

¿QUÉ TE PASARÁ AL FINAL DEL LIBRO?

No me voy a enrollar ni siquiera en la introducción.

No pretendo rellenar páginas, si no reducirlo al máximo para que sea fácil de leer y que seas capaz de crear una página web, posicionarla en Google y sacarle el máximo rendimiento a tu negocio ya sea online o físico.

No te hará falta saber código ni diseño gráfico y te ahorrarás una fortuna en desarrolladores web, diseñadores y empresas de marketing online. Te antepondrás a la competencia en los buscadores, que es por donde empiezan todos tus usuarios y clientes.

Quiero que en 6 pasos seas capaz de ir de cero a tener una página web para tu negocio, que aparezca en las primeras posiciones de Google, que puedas lanzar campañas de publicidad en diferentes medios con la confianza de llegar a tus potenciales clientes al menor coste y de darte ideas de cómo monetizar páginas web.

Para emprendedores y empresarios.

Al final del libro estarás generando clientes e ingresos mientras juegas con tus niños, mientras pescas o juegas a futbol. Mientras desarrollas tu siguiente negocio. Mientras duermes.

FASE 1

GENERA DINERO MIENTRAS DUERMES

I. GENERA DINERO MIENTRAS DUERMES

Quizá empezaste a leer este libro con una idea clara sobre la página web que querías desarrollar, quizá para dar visibilidad a tu negocio o quizá para llevar a cabo una nueva idea de negocio que deseabas probar sin gastarte una fortuna en el experimento.

Espero que al final de este libro se te haya abierto un mar de nuevas oportunidades e ideas de nuevas webs, además de cubrir las que ya tenías en mente; y que puedas crearlas sin esfuerzo hasta que des con una web que se convierta en un negocio online sostenible.

Antes de desarrollar la web, es importante que tengas claras la funcionalidad y la meta de tu página para así encaminarte por la ruta más rápida y directa hacia el éxito. Ten una presencia online pero no olvides su rentabilidad.

Recuerda: nunca te harás rico mientras intercambies tu tiempo por un salario, ya que tu tiempo es limitado. Así pues, la meta más importante que tienes que ponerte cada año debería ser que cada hora que pasas trabajando en tu día genere más y más ingresos:

$$Ingresos\ por\ hora = \frac{Total\ ingresos\ de\ todos\ tus\ negocios}{La\ suma\ de\ todas\ las\ horas\ dedicadas\ a\ cualquiera\ de\ tus\ negocios}$$

Donde el total de ingresos suma tu salario de oficina, el alquiler de tus inquilinos si tienes, el ingreso de tus páginas web, etc. Y el total de horas trabajadas sería las que has dedicado a generar esos ingresos: horas en la oficina, horas llevando la administración de tus pisos en alquiler, desarrollando páginas webs, etc.

Un día tiene 24h, pero deberíamos dormir unas 8h, por lo que ya solo nos quedan 16 para generar ingresos, en las cuales queremos comer, descansar, ducharnos y pasar tiempo con la familia. Espera, volvamos atrás, ¡tendríamos que estar generando dinero durante las 8h. en que dormimos!

Hay dos fórmulas que funcionan muy bien para estar haciendo dinero mientras duermes:

1. Comprar una propiedad.
2. Tener un negocio online abierto 24h.

Obviamente explicaré la segunda, aunque os recomiendo leer algún otro libro sobre invertir en propiedades.

2. PÁGINA WEB COMO EXTENSIÓN DE TU NEGOCIO FÍSICO O COMO UN NEGOCIO EN SÍ MISMO

UNA WEB PARA PROMOCIONAR TU NEGOCIO FÍSICO

Si quieres crear una página web para generar una extensión y una presencia online a tu espacio físico, como tu tienda, gimnasio, oficina... el retorno de tu esfuerzo invertido en aprender a crear la web, más la inversión que puedas hacer en publicidad online ya están totalmente justificados y tu línea de ingreso es clara: captar más clientes en tu localidad.

Tus usuarios están en sus casas (o en cualquier sitio, desplazándose) y de repente tienen una necesidad: quieren comprar algún producto, buscar los gimnasios más cercanos o encontrar un nuevo gestor para su devolución de hacienda. Googlean en su ordenador o móvil y quieres estar allí, en esos resultados, lo más arriba posible y, sobre todo, por encima de tus competidores.

A lo largo del libro te iré mostrando cómo ser competitivos en el mundo llamado Google y estar presentes para cualquier búsqueda relevante para tu línea de negocio además de aprender a lanzar campañas de publicidad en los canales donde están los usuarios de tu ciudad.

Si tu negocio real se trata de una tienda, aquí descubrirás cómo extenderla digitalmente y llevar tus productos a todos los hogares sin necesidad de que tus potenciales clientes caminen por delante de tu escaparate. Los únicos aspectos que deberás definir son el inventario y sus envíos. Te explicaré las claves de los Ecommerce que tienen más éxito y con qué plataformas los podrás crear de una forma fácil y muy profesional.

Si ya estás listo para ponerte manos a la obra puedes ir directamente a la segunda fase, aunque si lees el capítulo completo puedes desarrollar puntos de vista distintos a los que ahora tienes; quizá descubras que podrías añadir un nuevo servicio para aumentar tu rentabilidad. Quizá al final evoluciones tu negocio debido a tus ideas online más de lo que creías, y si te soy sincero, eso es muy buena señal. Probablemente tengas un futuro más próspero que esos empresarios que piensan que sus clientes no están en Instagram y no merece la pena la inversión de tiempo y dinero en ello.

UNA WEB COMO TU NEGOCIO ONLINE

Voy a estimular tu cerebro para que des en el clavo y ejecutes tu idea pero ten paciencia ya que las bombillas no se suelen encender cuando uno quiere. Tendrás que ser observador e identificar oportunidades en cada pequeña cosa de tu día a día. Piensa cómo cada cosa que haces podría ser mejorada aunque sea un poquito; más eficiente, más rápida, más barata o más fácil. Tienes que crear una página web ofreciendo algo que aún no existe o mejorar lo que ya está.

Un primer gran paso es dar una pausa de al menos 20 segundos cada vez que hagas una búsqueda en Google al necesitar algo y abrir tus sensores para ver si existe una oportunidad online. Observa los resultados pero no añadas más palabras clave para redefinir tu búsqueda, ya que el resto de los usuarios probablemente buscaron como tú y tampoco encontraron lo que buscaban. ¿Sería interesante crear una web optimizada para esas palabras clave y ocupar ese espacio en Google? La carencia de empresas bien posicionadas por esa búsqueda te está indicando una oportunidad de negocio.

Muy bien, apunta eso y sigue analizando: clica en los 5 primeros resultados que aparecen y ábrelos en diferentes pestañas. Ahora refina la búsqueda y vuelve a clicar otra vez en los nuevos 5 resultados y, una vez abiertas todas las pestañas, visítalas y analiza:

- ¿Son estas webs suficientemente buenas para cubrir tu necesidad?
- No te condiciones navegando por ellas como el webmaster te sugiere con su menú: intenta descubrir qué querrías hacer en ellas y detecta si eso está disponible o es fácil encontrarlo.
- ¿Han salido resultados muy genéricos o directorios como páginas amarillas, milanuncios, ebay, que abarcan demasiado y hubieras preferido obtener algo mucho más específico?

Con esta búsqueda y análisis de los resultados quizá ya hayas detectado la oportunidad a la que me refería. Si Google no ha encontrado nada mejor que mostrarte es que nadie lo ha creado u optimizado. Si las webs existentes no te han dado una buena experiencia quizá sea hora de que alguien las mejore y ofrezca un mejor servicio a los usuarios. Y si finalmente has acabado en páginas mucho más genéricas, como directorios, quizá hayas detectado un nicho de mercado que crees que no tendría el suficiente número de visitas pero créeme: hay muchos que buscan eso como tú. Si aún no estás detectando nada, añade un poco de papel y boli a este libro, porque vamos a pensar juntos en los siguientes capítulos.

3. IDEAS PARA CREAR UN NEGOCIO POTENCIAL ONLINE

DETECTA OPORTUNIDADES EN EL MERCADO

La mejor manera de encontrar la idea para un buen negocio online y generar dinero de ello es detectar una de las siguientes oportunidades:

- Resolviendo un problema acerca de algo que has experimentado, como el ejercicio que hemos hecho anteriormente.
- Una carencia en una industria en concreto.
- Una nueva tecnología, app o software que pueda ser usada de otra forma o en otro país.

Cuando empieces a tener alguna idea sobre alguna posibilidad, piensa y detecta quiénes son tus potenciales clientes. Si tu respuesta es que todos pueden serlo es que aún no la tienes. Necesitas encontrar un nicho de mercado, y cuanto más específico mejor.

Además, cuanto más peculiar y concreto sea tu nicho, más fácil será tener un buen posicionamiento online y convertirte en referencia. Por el contrario, si quieres abarcar mucho o posicionarte por algo muy genérico más te costará convertirte en el líder online. Un ejemplo extremo sería crear una tienda online solo de cordones azules de zapatos *versus* una tienda de ropa que incluye camisetas, vestidos, zapatos y también cordones de color azul.

INVESTIGA Y ANALIZA TUS OPCIONES DE ÉXITO

Es un paso muy importante para determinar las posibilidades de tu negocio. No te lo saltes, y asegúrate de que conoces estas respuestas:

- ¿Cuál es el tamaño de mi mercado/industria?
- ¿Qué competidores hay online?
- ¿Cuál es la dinámica de la industria, su crecimiento, su penetración online, la experiencia desde dispositivos móviles u otros dispositivos?
- ¿Cuál es el precio, cuál fue y cuál será? ¿De qué unidades económicas hablamos? ¡10's€, 100's€ o 1.000's€?

Hay dos maneras de descubrir toda esta información:

1. Pagar a una empresa.

Usar la información que otra empresa ya ha pagado:

2. Encuentra empresas públicas del mismo sector e industria que estén en la Bolsa de valores de algún mercado; como un competidor, un fabricante del producto o un proveedor del servicio.

   Busca la sección para inversores en su página web y descarga sus PDFs sobre sus ventas, beneficios y lo que nos interesa: su 'market research', que nos dará datos actuales sobre la industria en general y sus tendencias.

3. Hacer un poco de investigación online con herramientas que comentaré a continuación.

PREGUNTA A GOOGLE SU OPINIÓN: HERRAMIENTAS DE ANÁLISIS

Google Ad Preview - Herramienta de vista previa de anuncios

Esta herramienta te ayudará a simular y visualizar los resultados de Google en cualquier localidad del mundo, lenguaje, usando cualquier dominio de Google (.es, .com, .co.uk, etc.) y en cualquier dispositivo (móviles, tabletas u ordenadores). Estos son los cuatro simples parámetros que deberás configurar al acceder al enlace: https://ads.google.com/aw/diagnostic/AdPreview.

Según los parámetros que configures en la visualización, Google te mostrará unos resultados u otros, ya que su algoritmo tiene en cuenta estos entre muchos otros. Es decir, no muestra lo mismo a un usuario en Londres que a uno en Logroño, aunque los dos busquen en español en Google.es.

Me gusta utilizar esta herramienta como el verdadero visor de mi competencia para un determinado usuario. Si mis clientes suelen buscar mi negocio cuando están en movimiento (por ejemplo, si tienes una gasolinera) entonces será imprescindible observar los resultados desde un dispositivo móvil.

Si mis usuarios visitan mi agencia de viajes online desde todo el mundo, deberé mirar con quién compito en Colombia cuando busquen por vuelos, hoteles o transporte en Sevilla.

El siguiente ejemplo muestra una simulación de los resultados para "comprar botas de fútbol", realizado desde un ordenador de sobremesa desde Cantabria, en Google.es y con un navegador configurado en español.

Los resultados me muestran cómo es un término muy competitivo, con 4 anunciantes arriba y listado de productos de pago a la derecha, por lo que ya sé que si quiero llegar a esos clientes tendré que competir online, con al menos, futbolemotion, futbolfactory, Privalia, Wish, etc.

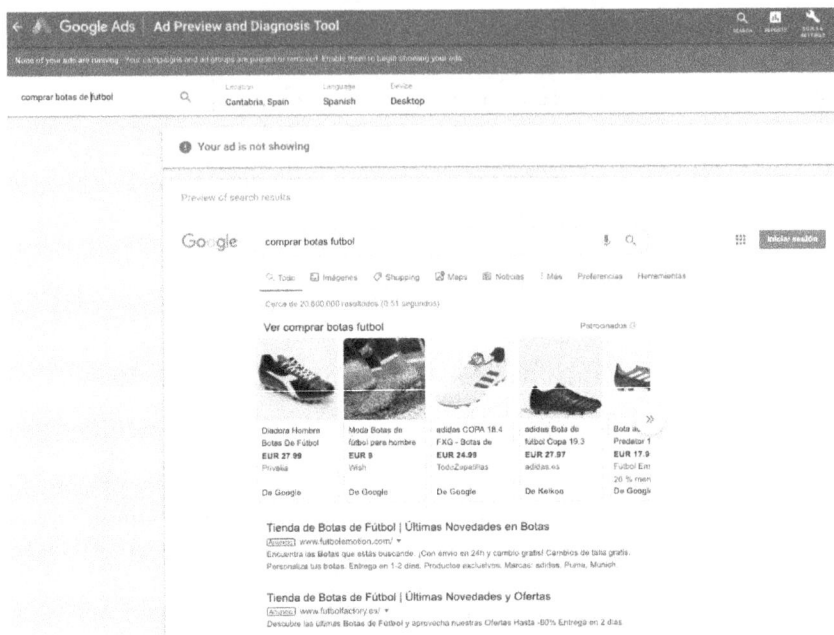

Google Trends

Google nos proporciona históricos de búsqueda de cualquier palabra o frase, filtrable tanto por país como por frecuencia, fecha o dentro de una categoría específica: https://www.google.es/trends/.

Además de las tendencias de los volúmenes de búsqueda para esas palabras en función del tiempo, Google Trends te permite comparar diferentes términos, por lo que será muy útil cuando dudes sobre qué conjunto de palabras deberías optimizar en tu web. Es decir, si tengo una tienda online sobre zapatos deportivos para diferentes deportes, a través de Google Trends entendería que si quiero atraer un mayor número de visitas, mi optimización debería hacerse más sobre "botas de fútbol" antes que sobre "zapatillas deportivas", ya que aunque sea más genérico, la gente concreta más su búsqueda.

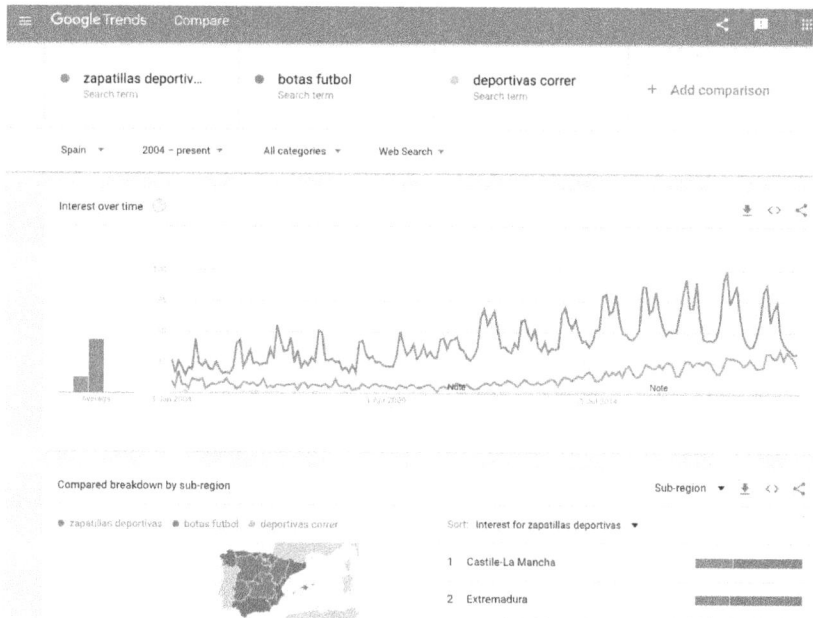

Google Planificador de palabras clave

El planificador de keywords o palabras clave de Google existe realmente para dar soporte a los que crean campañas de publicidad en el buscador y necesitan expandir sus combinaciones de palabras clave para tener campañas más completas y llegar a más usuarios.

Además, te asesora sobre cómo puedes agrupar esas palabras en diferentes conjuntos; te indica la cantidad de búsquedas, el potencial tráfico que estas palabras van a conseguir y cuánto deberías pagar por palabra clave en caso de hacer una campaña de publicidad, lo que es un indicador de la competencia y de anunciantes que ya están pagando por ello para aparecer en los resultados.

Las campañas de publicidad en Google y en la mayoría de canales online están basadas en un sistema de puja; quien más paga, más visibilidad tiene; pero todo esto lo podrás aprender con más detalle en la fase de publicidad online.

Para utilizar esta herramienta deberás de tener una cuenta de Google Ads que podrás crear fácil y gratuitamente con cualquier dirección de correo electrónico Gmail. Tan solo accede a: https://ads.google.com/aw/keywordplanner/home y sigue los pasos en pantalla sin introducir ningún sistema de pago, al menos para este ejercicio en el que solo te interesa analizar el mercado.

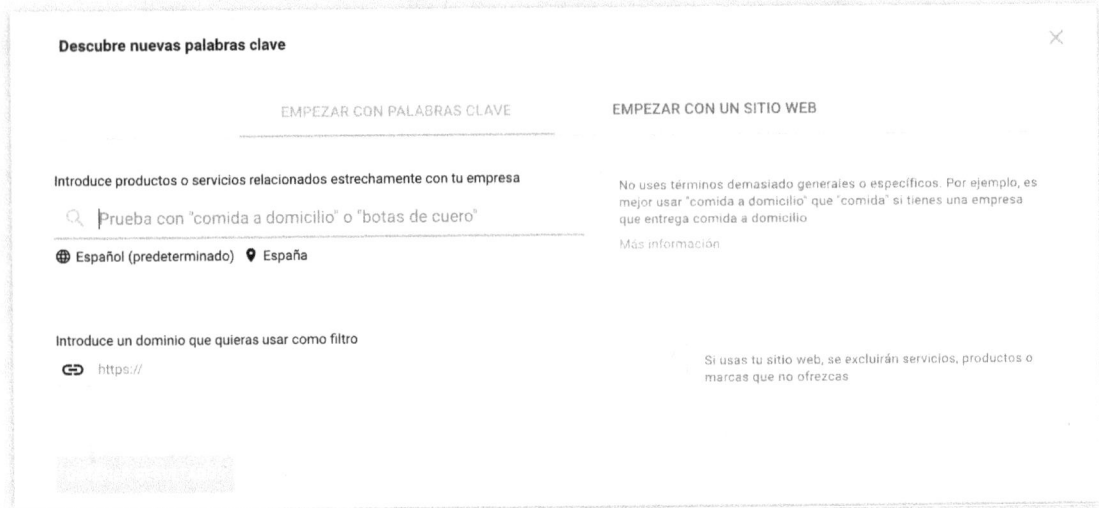

Descubre nuevas palabras clave

EMPEZAR CON PALABRAS CLAVE   EMPEZAR CON UN SITIO WEB

Introduce productos o servicios relacionados estrechamente con tu empresa

🔍 Prueba con "comida a domicilio" o "botas de cuero"

🌐 Español (predeterminado) 📍 España

No uses términos demasiado generales o específicos. Por ejemplo, es mejor usar "comida a domicilio" que "comida" si tienes una empresa que entrega comida a domicilio

Más información

Introduce un dominio que quieras usar como filtro

🔗 https://

Si usas tu sitio web, se excluirán servicios, productos o marcas que no ofrezcas

Verás que se te presentan diferentes opciones de análisis, pero para analizar nuestra idea, su éxito y cómo la competencia lo está haciendo basta que utilices "Buscar palabras clave nuevas mediante una frase, sitio web o categoría".

"Palabras clave nuevas", mediante la introducción de algunas palabras clave ya conocidas, te extenderá la lista y mostrará los volúmenes como muestra la siguiente imagen, donde a modo de ejemplo he introducido "zapatos de deporte, botas de fútbol, deportivas correr".

Google nos muestra una gráfica con los volúmenes de búsqueda para esas palabras clave mes a mes, indicándonos que el verano y diciembre son los picos donde la gente más busca por términos relacionados.

Por otra parte, en la pestaña "Ideas para el grupo de anuncio" obtendrás un listado expandido acerca de qué términos relacionados son exactamente más buscados y te ayudará a definir tu idea sobre si crear u optimizar tu nueva web más enfocada en unas palabras que en otras.

Además, también puedes buscar un listado de palabras introduciendo una URL, que posiblemente sea uno de nuestros potenciales competidores que hemos observado en el "Ad preview tool" (http://www.futbolfactory.es/botas) ya que con ello obtendremos el listado con las palabras más utilizadas en esa página y sus volúmenes de búsqueda, con lo que te puedes hacer una ligera idea sobre las veces que esa web es sugerida por Google a sus usuarios.

Planificador de Palabras
Clave

Añada ideas a su plan

Introducir palabras clave

zapatos de deporte, botas de futbol, deportivas correr

Obtener volumen de búsquedas   Modificar búsqueda

Segmentación

España

Todos los idiomas

Google

Palabras clave negativas

Periodo

Mostrar la media de
búsquedas mensuales para:
últimos 12 meses

Personalizar la búsqueda

Filtros de palabras clave

Opciones de palabra clave

Mostrar ideas ampliamente
relacionadas

Las palabras clave deben
incluirse en mi cuenta.

Las palabras clave deben
incluirse en mi plan.

Mostrar ideas de contenido para
adultos

Palabras clave a incluir

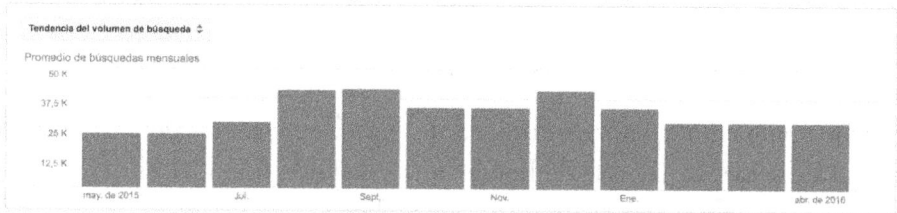

Tendencia del volumen de búsqueda

Promedio de búsquedas mensuales

50 K	
37,5 K	
25 K	
12,5 K	

may. de 2015   Jul.   Sept.   Nov.   Ene.   abr. de 2016

Ideas para el grupo de anuncios   Ideas para palabras clave

Columnas ▾   ⌶   ⬇ Descargar   Añadirlas todas (3)

Palabra clave (por relevancia)		Promedio de búsquedas mensuales	Competencia	Puja sugerida	Porcentaje de impresiones del anuncio	Añadir al plan
botas de futbol		33.100	Alta	0,28 €	–	»
zapatos de deporte		320	Alta	0,32 €	–	»
deportivas correr		20	Alta	0,21 €	–	»

Mostrar filas: **30** ▾   1 - 3 de 3 palabras clave |< < > >|

21

4. PREPÁRATE PARA CREAR UNA MARCA

PIERDE EL MIEDO A FALLAR

Si todo apunta a que hay oportunidad de éxito y estás motivado para lanzarte, ¡está genial! Lo bueno de crear un negocio online es que puedes emprender sin correr demasiado riesgo o teniendo que invertir una gran suma por adelantado.

Pero tengo un par de preguntas más antes de ir definitivamente a por ello:

- ¿Estás listo para fallar? Asume que la primera versión de tu página web o incluso tu idea de negocio en general puede fallar. Al menos ese es el peor de los casos, aunque cada cosa aprendida la reinvertirás en tu próxima idea. Pero si fallar es una pesadilla, mejor no empieces.
- ¿Lo hago solo o quiero un cofundador? Es bueno reunir algunas habilidades diferentes en el equipo, como un miembro que es un genio en ventas y el otro en desarrollo. O los dos en marketing, por poner otro ejemplo. Pero lo fundamental es que los dos puedan añadir valor a lo largo de la vida del negocio. Y claramente, defínelo desde el principio o podrías tener alguien que resta más que suma.
- ¿Tengo capital para la primera adquisición de usuarios / productos?
- Todo va a pasar muy rápido, si lo aceleras adecuadamente. Aquí deberías invertir el 80% de tu presupuesto, ya que no habrá una cosa más clara que determine el potencial de tu negocio.

Pueden pasar años hasta que tu página tenga un tráfico significativo para monetizarlo o hasta conseguir un número de usuarios web interesante para que tu aplicación tenga sentido, así que si no quieres esperar deberías tener lista alguna cantidad para inversión en publicidad online y captación de nuevos clientes. Una vez que los tengas, tu negocio ya rodará como una bola de nieve, pero lo más duro son los primeros tiempos.

Desarrolla la marca: pensar a largo plazo

Antes de empezar define bien tu marca e invierte en ella. Es algo que no mostrará resultados inmediatos pero marcará tu reputación a lo largo del tiempo.

Define cuál va a ser tu tono hablando en la web, en tu blog, en tu atención al cliente. Define los colores que te acompañarán por toda tu web, por tus tarjetas, por tus presentaciones.

Y sobre todo, define los principios de la empresa: ¿por qué existe? ¿qué valores tiene y qué quiere representar?

5. ANÁLISIS DE TUS USUARIOS Y CLIENTES

ANÁLISIS DE TUS 'PERSONAS' O VISITANTES

Este es un paso muy importante a la hora de diseñar tu página web, a pesar de ser uno muy olvidado por los principales tomadores de decisiones, como los CMOs o CEOs de pequeñas y medianas empresas.

En alguna entrevista con ellos, actuando como consultor de marketing digital, les he preguntado: 1) ¿Cómo ingresa dinero tu empresa a través de la web? y 2) ¿Quiénes son las 'personas' que darán ese dinero?

A pesar de que muchos dudan incluso sobre la primera pregunta, muy pocos tienen idea de la segunda; como mucho me contestan si serán consumidores finales o empresas (B2C vs B2B).

El análisis de personas consiste en definir ciertos usuarios clave de tu web, que serán los potenciales clientes generadores de tu capital. Si no los conoces, si no sabes quiénes son, cómo buscan, actúan, pagan... ¿Cómo vas a diseñar una página web optimizada para ellos? Como mucho, la estás optimizando para ti.

Para que te hagas una idea, si tienes una tienda de compraventa de arte, tus 'personas' son los artistas y los compradores. En tu web no existe el uno sin el otro y no hay negocio sin los dos.

Si no tienes vendedores en tu web, no tendrás ni visitas ni potenciales compradores. Si no tienes compradores, los vendedores desaparecerán con el tiempo o ya simplemente no se llegarán a enterar de tu web.

Otro ejemplo menos comercial. Si tienes una academia de baile, tus *tres clientes* son:

-   Los *alumnos* que se quieren apuntar, por lo que la página deberá contener información sobre las clases, precios y horarios. Deberás tener presencia en Google para que cuando tengan interés te encuentren, pero también presencia en las redes sociales como Facebook para poder afinar tu objetivo en captación de nuevos aprendices, por ejemplo, quizá tu campaña se enfoca más en captar chicos que quieren bailar, ya que la demanda podría ser más escasa. Los alumnos son los que generarán dinero a tu negocio.
-   Y por otra parte los *profesores de baile*, que serán una pieza importante en el desarrollo y motivación de los alumnos, y quieres que los preparen para tener un nivel competitivo.

Los profesores serán un coste para tu negocio, pero si no los tienes o si los buscas malos, repercutirán en el ingreso de los alumnos.

Para atrapar el interés de los profesores vía online, que quizá ya tienen trabajo en otras academias, lo ideal sería mostrar un anuncio tipo banner en las páginas web que ellos frecuentan, dedicadas a los profesores de baile, a competiciones, a vídeos de baile en YouTube, etc.

Así que la publicidad Display y YouTube podrían ser tus claves del éxito.

Tu contenido online también debería tener secciones, imágenes, videos e información sobre la reputación de la academia para ellos.

- Y finalmente los *organismos de competiciones de baile* que quieres que te vean como un representante claro de tu ciudad para ir a concursos y premios, por lo que tu página debería estar cuidada y actualizada constantemente, mostrando muchas reseñas de alumnos, profesores y profesionales. Estar arriba en las primeras posiciones de Google para que se interprete que eres la academia top y no porque sabes optimizar el posicionamiento.

Para captarlos, será importante tener presencia en LinkedIn y conectar con los responsables de esas empresas organizadoras.

Cada *persona* en tu negocio tiene que ser claramente identificada y atacada con el mejor anuncio en el mejor canal.

Puedes empezar a crear 'personas' de tu negocio creando una ficha individual a la que le pones un nombre virtual, una imagen y ciertos puntos de información relevante como:

- Nombre
- Empresa y posición
- Aficiones
- Webs en las que suele navegar en el trabajo
- Webs en las que suele navegar en su ocio
- En qué horario suele navegar y con qué fines
- Por qué es importante para ti
- Cuál es el objetivo de este usuario en tu web
- Qué elementos tiene que tener para facilitarle el camino
- Cómo vas a medir su interacción con la página

Una vez que los conoces, te será más fácil diseñar la página, facilitarles el camino para que compren o te contacten, y además encontrarás automáticamente los mejores canales para mostrarles una publicidad más efectiva.

Abajo pongo un ejemplo para la web de arte esglaiart.es.

	Nombre	Laura Bugo
	Profesión	Profesora
	Edad	37
	Aficiones	Pintar cuadros
	Estado	Casada, sin hijos
	Webs que visita	elpais.es, esquire.es, youtube.com
	Cómo se conecta	Móvil durante el día y tablet por la noche
	Qué espera de la web	Mostrar su arte al mundo y vender cuadros
	Qué debo tener en cuenta para su éxito	Fácil de publicar cuadros ya que está muy ocupada. Recordatorios por email sobre la página para que vuelva a acceder de tanto en tanto
	Redes sociales	Facebook e Instagram

COSTE Y GANANCIA POR CADA CLIENTE

Una parte fundamental de la inversión en marketing online vendrá determinada por conocer el retorno que cada euro invertido te devuelve, por lo que hay que tener muy en mente desde el principio cómo vamos a medir el éxito analizando métricas web y qué aporta cada cliente para nosotros, por lo cual reinvertir un presupuesto en publicidad podría no ser un problema siempre que el retorno sea positivo.

- ¿Qué ha costado de media cada nuevo usuario?

- ¿Cuál es el gasto medio que los usuarios hacen al comprar en la web?
- ¿Qué beneficio neto aporta cada nuevo cliente?
- ¿Cuáles han sido las principales fuentes de tráfico y cuáles no han funcionado?
- ¿Cuánto dura la fidelidad de los clientes adquiridos?

Todas las respuestas deberían ser conocidas y positivas para el modelo de tu negocio e incluso, conociendo todo lo de arriba, podrás definirlo mediante fórmulas que te ayudarán a predecir cómo te irá en los próximos meses.

Decide si necesitas cambiar la estrategia de marketing, los precios o márgenes de los productos o cómo retener a los clientes.

6. CÓMO UNA WEB GENERA INGRESOS

Que tu web sea rentable dependerá de su reputación, antigüedad, número de visitas y de la calidad del contenido que ofrezcas en ella. Sabemos que el punto donde empieza una página web es diferente de aquel al que esperamos que llegue, pero ten la misma consideración y paciencia con tus ingresos online y no esperes resultados el primer mes. Tus ingresos al cabo de 5 años deberían ser mucho mejores que el primero. Ten un plan y constancia.

Características que afectan al valor de tu sitio y a sus posibles ingresos online:

- Lo establecida que esté tu web en su industria, comparada con posibles competidores (años que lleva generando tráfico, renombre entre los otros blogueros o webs similares que hablan de la tuya y la enlazan).
- De su calidad y de la experiencia que ofrezca al usuario. Todos somos usuarios, ya sabes lo que te gusta o no te gusta en una página y qué te hará volver a ella o buscar una alternativa. A mí tampoco me gusta una web llena de anuncios.
- Del tráfico que recibes semanalmente o de los seguidores/fans que tengas en las redes sociales. Cuanto más tráfico y más repercusión en las redes sociales tengas, más valor tendrá tu página o marca y más se te considerará un "influyente" de masas, por lo que otras marcas te pagarían por hablar de sus productos.
- Y si tienes una tienda, entonces tu sistema monetario vendrá definido por el de todas las tiendas. O bien vendes mucho volumen con poco margen, o pocos productos pero con un margen suficientemente alto para que te compense.

GENERA DINERO MEDIANTE CONTENIDO: GRATIS O DE PAGO

Tu contenido debe atraer visitas, y no hay nada que atraiga más que lo gratuito, o en otras palabras, no hay nada que cause más rechazo que pagar por algo si creen que pueden encontrarlo por cero.

Da cosas gratis, ya sea información o archivos: a la gente le encanta. Esto traerá más visitas a tu web y consecuentemente más marcas se interesarán en que promociones sus productos. Pueden ser PDFs con un bonito diseño de un infográfico, un PSD (photoshop) para aquellos diseñadores o amantes de la fotografía, de los que podrán aprender algo de cómo aplicaste esas capas de efectos en tu retoque. Ofrece acceso gratis a un video tutorial que podría ser parte de un curso que ofreces como consultor en tu especialidad.

Después ya puede venir la parte en la que paguen por contenido. Deben querer seguir con ese curso que probaron gratis, y están dispuestos a pagar por descargar los siguientes PDFs, acceso a los videos o simplemente contratarte. Muchas líneas de entrada económica pueden venir después de haber empezado regalando.

Recuerdo todas esas aplicaciones que me bajé gratis pero que acabé pagando su versión *pro* para tener esas capacidades extendidas que la gratuita no tenía. Y lo bueno es que ya sabía exactamente por lo que pagaba: la app que me gustaba usar, más lo que me limitaba.

Quizá podría haber encontrado otra app gratis ofreciendo lo mismo, pero estoy acostumbrado a esa, y cómo no, me acostumbré porque la probé gratis.

CON PUBLICIDAD EN TU WEB: DISPLAY Y GOOGLE ADSENSE

Una de las maneras más típicas de monetizar una página web es colocando anuncios a través de tu contenido, pero tendrás que tener mucho tráfico para que realmente puedas sacarte un sueldo a través de publicidad.

El reto será encontrar un equilibrio entre el número de anuncios que se muestran en tu página de una manera bien resultona, y a la vista de una forma atractiva, para que los anunciantes quieran mostrar sus anuncios en tu web, para conseguir un mayor número de clics de los usuarios y por consiguiente generar más ingresos.

Pero, por el contrario, estarás perdiendo en la experiencia que los visitantes tendrán en tu web ya que les estarás poniendo dificultades y distracciones para que completen su camino entre la información de la misma. Y por último, si los clics en los anuncios abren su enlace en tu misma ventana significa que tus usuarios están saliendo de tu web.

La posición ideal en la que uno se puede encontrar es volverse un referente en una determinada industria y tener muchas visitas al mes, por lo que las marcas te contactarán directamente para colocar banners en tu web y los precios pueden variar dependiendo de la demanda que tengas.

Quizá este no sea el caso de la mayoría de nosotros y más si estamos empezando a lanzar vuestras primeras webs, entonces podemos recurrir a servidores de anuncios como Google Adsense.

Google Adsense te proporciona como unas 'ventanitas' o 'escaparates' de diferentes tamaños que tú eliges y colocas por tu web sin saber ciertamente lo que mostrarán.

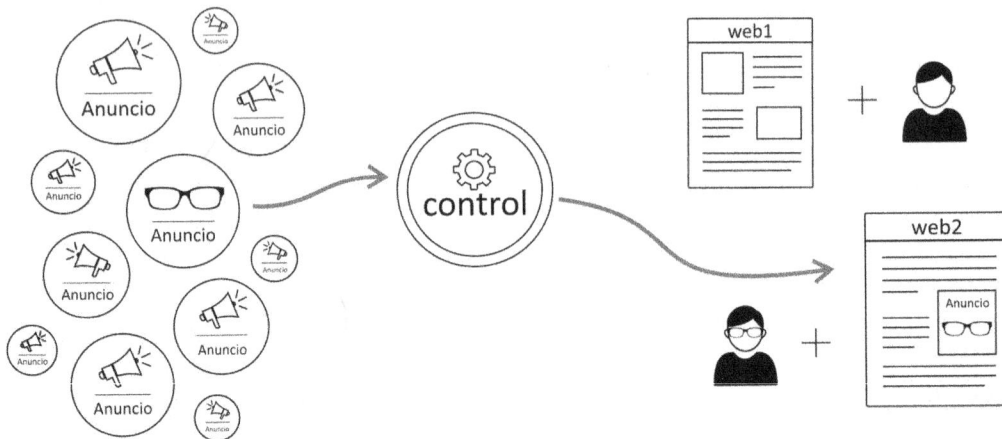

Google Adwords   Google AdSense

Google será el responsable de elegir de su programa de publicidad Google Ads qué anuncio, de entre todos sus anunciantes, es el mejor para mostrar en tu web a una de tus visitas en particular en un determinado momento y relacionado con tu contenido pero también con sus cookies (que determinan sus intereses, historial de búsqueda, etc). Cuando los visitantes de tu web cliquen en ese anuncio tu ganarás dinero, que a la vez es pagado por el anunciante.

Lo primero que deberás hacer en Google Adsense es registrarte o entrar con la cuenta de Gmail que uses para cualquier otro servicio de Google a través de: https://www.google.es/adsense/start/

Y en dos pasos muy simples, proveyendo información sobre tu página y su contenido, estarás listo para empezar.

Crea un bloque de anuncios como en la imagen en el que se te ofrecerán 3 tipos:

- Anuncios de Display: Serán los espacios de tamaño adaptable que situarás por tu página web, y en donde se mostrarán anuncios ricos de imagen, eso puede ser una imagen estática, movimiento o incluso video. Elige entre horizontal, vertical o cuadrado.

- Anuncios In-feed: Creará un anuncio para que sea mostrado de forma nativa a tu web, es decir, puedes hacer que luzca como uno de tus artículos, publicaciones o fotos, y de este modo podrías "engañar" al usuario de que no es un anuncio y así conseguir más clics.

- Anuncios In-Article: Este tipo de anuncio es parecido al anterior pero no pretende ser una publicación o un artículo de tu web, si no que se muestra dentro de ese contenido o publicación, entre sus imágenes y palabras.

Lo mejor es crear diferentes tipos y colocarlos en varios lugares para así testear lo que funciona mejor con el tipo de visitantes que tienes, y maximizar los ingresos.

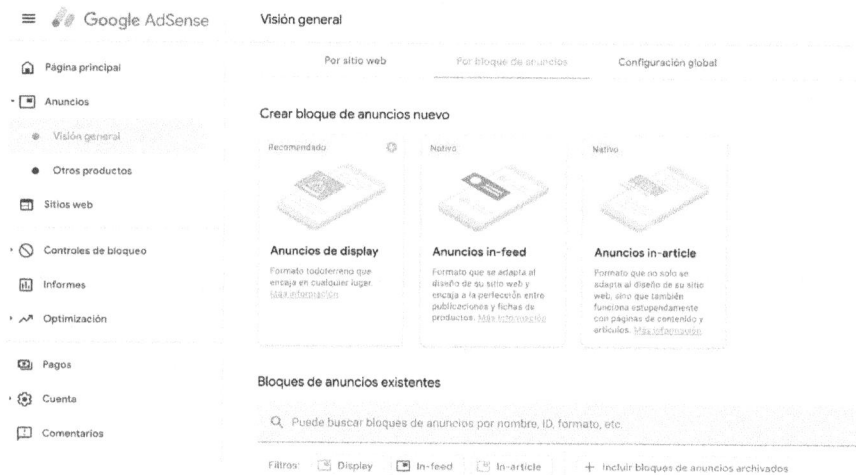

Una vez que lo tengas todo configurado, generarás un código que tienes que insertar en el espacio exacto de tu web donde quieres que tu anuncio sea mostrado.

Si tu web está en WordPress (y te mostraré cómo hacerlo en la siguiente sección), solo tendrás que ir a la página donde quieres mostrar anuncios, en el editor de texto selecciona la pestaña 'html' y pega el código ahí.

Código de anuncio   ✕

Este código solo se puede utilizar en páginas web o sitios web que cumplan con nuestras políticas del programa.

Tipo de código ? | Asíncrono |

Código de   ```
anuncio ?   <script async
               src="//pagead2.googlesyndication.com/pagead/js/adsbygoogle.js">
               </script>
               <!-- home ESGLA1 abajo -->
               <ins class="adsbygoogle"
                    style="display:inline-block;width:728px;height:90px"
                    data-ad-client="ca-pub-6274871835085838"
                    data-ad-slot="7868839374"></ins>
               <script>
               (adsbygoogle = window.adsbygoogle || []).push({});
               </script>
               ```

Para obtener más información acerca de cómo implementar el código, consulte nuestra Guía para la implementación de código.

Los cambios en los bloques de anuncios pueden tardar hasta dos horas en aparecer en los informes de rendimiento.

    Cerrar

En el siguiente ejemplo se me muestra un anuncio sobre *big data* y contenido online del proveedor de *Cloud Hippo* ya que estuve buscando información sobre ello y en inglés por lo que el anuncio es relevante para mí, aunque no tenga nada que ver con las obras de arte de la web. Y así lo prefiero, ya que podría mostrar competidores y no sería ideal que mis usuarios se vayan a otra web.
               ```

7. CREAR UNA TIENDA ONLINE CON ÉXITO

El 91% de las compras aún se hacen offline pero el incremento anual en todos los países europeos que compran online es muy significativo: 9% en España y 11% de media europea. Y más de la mitad de los que acabaron su compra en una tienda física, primero visitaron el Ecommerce o interactuaron con la web del vendedor.

Si tienes un inventario de productos que vender, tanto si tienes una tienda física como si no, tu presencia online es obligatoria ya que el número de personas que te pueden visitar en la calle de tu ciudad es mucho menor que el de los visitantes que puedes tener en la red desde toda España.

Además, esos compradores que pasan por la calle, probablemente comparen precios o su experiencia con tus competidores, lo que no siempre ocurrirá si apareces online, ya que al buscar y encontrarte acabarán en una única tienda, la tuya.

Esta sección cubre cómo manejar con éxito el mecanismo de una tienda online con productos que pueden ser comprados directamente, por lo que el cómo generarás dinero online está claro, ahora solo tenemos que prepararnos para hacerlo de la mejor forma.

CONOCE BIEN LA RENTABILIDAD DE TUS PRODUCTOS

Es importante que conozcas bien los productos que quieres vender y los retos que representan o, en caso de que aún lo estés pensando, ten en cuenta estos factores que serán clave a la hora de encarecer tu logística o mantenimiento.

Márgenes de beneficio de cada producto

Tu tienda online o Ecommerce se basará principalmente en productos que pueden estar en dos grupos de ingresos económicos:

- Puedes vender mucho volumen y los márgenes son pequeños por unidad.
- Planeas vender pocos pero tus beneficio por cada uno será mucho más alto.

Debes conocer cuánto beneficio te genera tu unidad; tanto el beneficio bruto (el precio que se paga por él menos su coste real para ti) así como el beneficio neto (restando además, el coste proporcional del alquiler del almacén, tus trabajadores, luz, etc).

¿Se pueden enviar fácilmente por correo?

Tu nivel de ventas y costes vendrá determinado por el volumen, peso y empaquetado de tus productos, así como por la máxima distancia adonde estos pueden ser distribuidos.

No es lo mismo si quieres vender carteras de piel a toda España, que puedes almacenarlas y enviarlas en una caja muy atractiva, que vender muebles online, como camas o colchones cuyo volumen y peso los convierten en un reto tanto para almacenar como para enviar.

¿Permitirás devolución?

Para vender online tienes que reducir cualquier posible dolor de cabeza o desconfianza del comprador, por lo que te recomiendo que contemples que los compradores tendrán la posibilidad de devolver tus productos si no están satisfechos, y eso será un riesgo (y potencial coste) que debes asumir; al igual que –según qué productos– debería ofrecerse garantía por algunos años.

Esto también significa que si crees que tus productos no pueden devolverse una vez entregados por cualquier razón (higiene, calidad, etc.) entonces podrías tener más dificultades vendiéndolos online.

¿Cuánto va a gastar cada usuario contigo?

Piensa si tus clientes suelen comprar más de un elemento cuando visitan tu tienda online o si las compras suelen ser individuales.

Además de eso, ¿volverán a comprar más en un determinado periodo de tiempo? Si vendes una cama, probablemente el cliente hará un solo pedido de una sola cosa, pero si eres un supermercado comprarán varias y al consumirlas podrían volver a por más, por lo que su fidelización es muy importante.

¿Cuál es tu propuesta única de venta?

Tu artículo debe ser distinguido de alguna forma ante la competencia. Si es producción propia eso no será difícil ya que tendrás tu propia marca; pero si por el contrario vendes productos fabricados por otras marcas, entonces tienes que diferenciarte ofreciendo una experiencia única a tus usuarios en tu web, en su entrega, en su retorno, en el servicio al cliente, regalos o descuentos entre otros.

Esto es aún más importante si esos productos se venden en mercados online más grandes como Amazon, etsy o ebay. Aunque esos son *marketplaces* en los que tú también podrías vender si bien deberás competir principalmente con precio; pero si vendes a través de ellos, incítalos a comprar directamente contigo la próxima vez.

8. VENDE TUS PRODUCTOS EN AMAZON

EL FUNCIONAMIENTO DE AMAZON

Amazon es el rey del Ecommerce, tanto aquí como en América, y basta ver sus líneas de innovaciones constantes para saber que no van a parar de crecer. Amazon sabe que el factor de proximidad local ya no es un determinante para que los usuarios compren y las plataformas online están rápidamente acabando con muchas tiendas físicas que siguen almacenando stock.

Yo veo Amazon como algo suplementario a nuestra tienda física o a nuestra tienda online, es simplemente algo donde también debemos estar, ya que muchos de nuestros usuarios buscarán allí en primer lugar. Evaluarán y compararán tu producto. Saben que la mayoría de las reseñas para productos se encuentran allí, por lo que tener presencia en Amazon y cuidar de las reseñas será importantísimo en tu éxito de ventas.

Amazon tiene un sistema económico diferente a la mayoría, no gana dinero por la venta de productos (y además la mayoría no son ni suyos ni distribuidos por ellos) sino que su negocio está en las suscripciones de pago de los usuarios que quieren entregas más rápidas o más contenido como libros o series. Como ellos dicen, las personas usan una página web por dos razones: o ahorran dinero o tiempo. Los usuarios ya saben que en Amazon siempre encontrarán los precios más competitivos del mercado, por lo que ya solo se esfuerzan en reducir el tiempo.

Tampoco se llevan comisión por las venta de productos de otras tiendas o personas, sino que su único objetivo es traer la mayor cantidad de tráfico posible, conseguir el mayor número de miembros y construir una base de datos gigante para poder utilizarla en sus nuevos productos.

VENDE EN AMAZON

Si quieres vender en Amazon tendrás que acceder a sellercentral.Amazon.es y suscribirte mediante un pequeño pago de 0,99€/mes para vender menos de 40 productos al mes o 39€/mes si pretendes vender más adicionalmente a otras ventajas como poder crear nuevos productos en las categorías de Amazon, por lo que si tus productos son invenciones no catalogadas esta opción te vendrá bien.

Si el producto ya existe en su catálogo no tendrás nada más que seleccionarlo y competir con la mínima oferta para aumentar tus opciones de venta.

¿Cómo funciona la venta en Amazon?

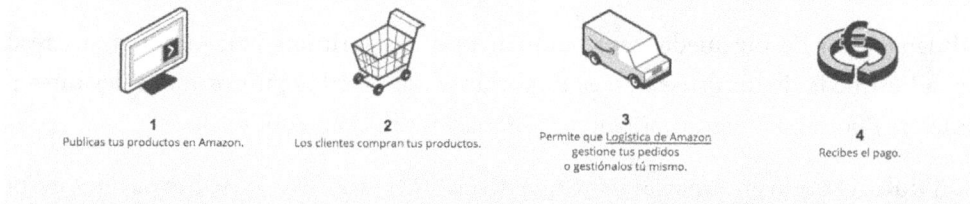

1
Publicas tus productos en Amazon.

2
Los clientes compran tus productos.

3
Permite que Logística de Amazon gestione tus pedidos o gestiónalos tú mismo.

4
Recibes el pago.

Una vez creada tu cuenta podrás acceder a tu interface de vendedor de Amazon y poner en venta tus productos manualmente, encargándote de subir toda su información, optimizar el escrito para que sea más encontrado en la búsqueda y, lo más importante, la distribución del producto al vender.

Distribución de las ventas

Existen dos posibilidades para ti en cuanto a logística y distribución de tus productos y ventas. Puedes encargarte tú mismo de empaquetar tu producto en casa y enviarlo a la dirección proporcionada, lo cual puede ser una buena opción si también tienes una tienda física y estás acostumbrado a realizar envíos periódicos, o bien si el volumen de ventas estimado al mes será bajo y quieres ahorrarte algo de comisión despachando los productos sin intermediarios.

La otra opción sería utilizando la logística de Amazon, todo su canal de almacenaje y distribución, lo que es un sistema más escalable para vendedores con grandes volúmenes en un corto periodo de tiempo.

Una vez que has creado tus productos en la web, tienes que enviarlos a la dirección facilitada por Amazon para que ellos lo almacenen y entreguen según demanda.

Este sistema es muy recomendable para objetos que se venderán a mucho volumen, como libros, por lo que prefieres enviar un gran paquete a los almacenes de Amazon antes que paquetitos individuales a sus compradores aunque pierdas un poco ese toque personal que podrías poner en cada paquete entregado a tu comprador y retenerlo como tu cliente para futuras campañas.

OPTIMIZA TUS PRODUCTOS COMO EN GOOGLE

Amazon es uno de los buscadores más utilizados en el mundo, por detrás de Google o YouTube, y el n°1 para búsqueda de productos.

Es tanto el tráfico en Amazon que muchas personas empiezan su búsqueda directamente en Amazon y cada vez se extienden más las categorías de productos.

Como buen motor de búsqueda, este también utiliza algoritmos para ordenar sus resultados frente a la búsqueda de un usuario, y es importante conocer los puntos más relevantes para su optimización y posicionamiento orgánico en Amazon (SEO en Amazon):

1. **Título**: el título en Amazon tiene que describir el producto en 100 caracteres destacando lo más importante del producto, como la marca, el modelo o algo diferenciador comparado a los otros resultados, ya que será clave en conseguir el clic.

2. **Tráfico**: cuantas más visitas reciba tu producto, más se tendrá en cuenta para la siguiente visualización dada en otra búsqueda.

3. **Descripción**: Amazon consta de diferentes líneas para describir el producto. Lo óptimo es añadir entre 3 y 5 descripciones cortitas, concisas y descriptivas.

4. **Reseñas**: Está estudiado y demostrado que tener reseñas en Amazon es un claro diferenciador entre productos a la hora de conseguir el clic. Date cuenta que he dicho "tener reseñas", sin mencionar si son positivas o negativas, ya que es mejor tener negativas que no tener ninguna (lo que podría indicar que nadie lo ha comprado). Obviamente, cuantas más reseñas tengas y más positivas, más crecerán exponencialmente tus opciones de venta y de aparecer arriba de los primeros resultados. Si lanzas un nuevo producto y quieres incentivar a los usuarios para que te escriben las primeras reseñas, que son las que más cuestan, puedes unirte a su programa de "Vine Reviews", en el que regalas productos gratis a aquellos usuarios elegidos por Amazon como los que más evalúan productos, y te escribirán una reseña; pero cuidado, porque nadie garantiza que sea buena.

FASE 2

CREACIÓN DE WEBS Y TIENDAS ONLINE

9. ELEGIR Y COMPRAR EL ALOJAMIENTO Y DOMINIO

Aquí es donde el mayor conocimiento de un webmaster toma lugar. Si por algo quieres pagar a alguien para que te desarrolle una página web, es por el miedo que tienes a la instalación, configuración y pagos de un alojamiento y dominio.

Tú sabes cómo quieres el resultado final, pero el primer paso para llegar a tener algo visual nos parece complejo.

No te preocupes, aquí te lo muestro paso a paso y una vez superes esto, crear páginas web para tus negocios o terceros estará hecho.

¿QUÉ ES UN ALOJAMIENTO O HOSTING Y SU RELACIÓN CON LOS DOMINIOS?

Cuando nos hablan de una página web tendemos a pensar que hablamos de algo que empieza por http://www.nombreweb.es, pero eso no es más que un dominio o una dirección que nos apunta y conduce a un lugar donde se almacenan los archivos y datos de esa web que serán visualizados en tu pantalla. Estos archivos se encuentran guardados en un servidor o proveedor de alojamiento, también conocido como hosting.

El hosting o alojamiento que comprarás es como una casa suficientemente grande, no tan solo para que tengas los datos de una web, sino de varias.

Una web entera por habitación. Y guardando en ella todos los archivos de una misma web. Ahora imagina que esas habitaciones tienen puertas independientes para acceder desde la calle directamente.

Estas puertas de entrada serán los dominios y será por dónde nos visitan nuestras usuarios.

La siguiente imagen muestra el alojamiento o hosting que compras a un proveedor como 1and1, y como ejemplo imagino que tienes en ella 3 de tus webs, todas ellas completamente diferentes entre ellas y aún te queda un poco de espacio libre por si tienes otra idea.

Como ves, cuando la gente introduce en su navegador el dominio1 (comidafresca.com) estos son enviados a donde se encuentra la website1 (los archivos de comidafresca.com). Así que básicamente las dos cosas que necesitarás comprar para tener una web son estas: un dominio y un hosting. El coste del hosting que compres dependerá de las visitas que vaya a tener tu web.

Si quieres lanzar una nueva idea o producto y no sabes cómo reaccionará el mercado, o si eres un comercio local que simplemente necesita tener una buena presentación online para competir en Google con el resto de empresas, entonces no necesitas hacer una inversión inicial muy fuerte en el servidor, ya que siempre podrás aumentarlo cuando sea necesario.

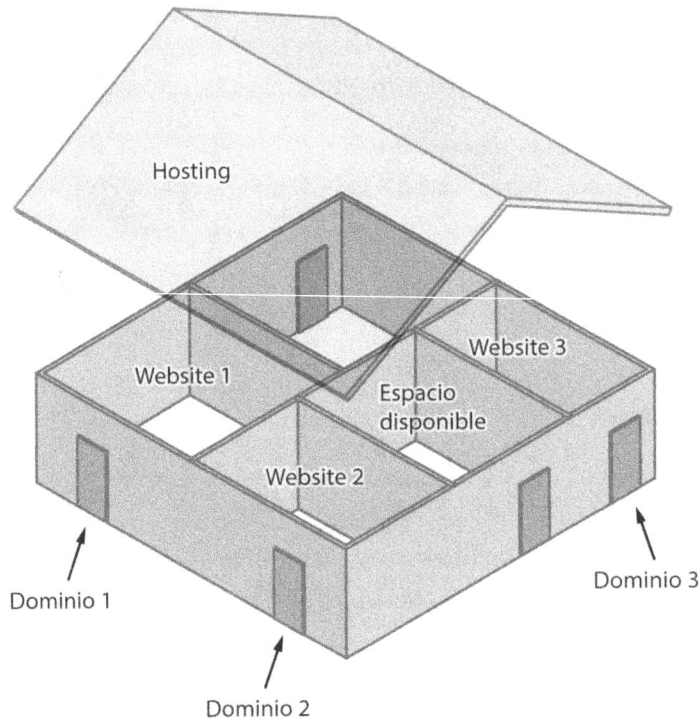

Si eres una marca importante, necesitarás un proveedor de hosting más caro y más especializado. De hecho, si eres una gran marca, necesitarás un equipo de personas especializadas en cada uno de los apartados de este libro.

Hosting dedicados vs compartidos

Si compras un hosting barato (que son los 'hosting compartidos'), es porque *tu casa* o tu hosting se encuentran dentro de una comunidad más grande en la que se reparten ciertos recursos entre todas las "casas".

Todo el tráfico de visitas que van a diferentes *habitaciones* o webs tendrán que pasar por el portal principal común, y el ancho de ese portal es limitado (también conocido como el ancho de banda del hosting). Cuando estés decidiendo comprar un hosting verás que comprar un hosting dedicado es más caro, aunque mucho más rápido y eficiente. Y para volver a nuestra comparación, es como si tuvieras una casa propia y todo el tráfico que llega accede directamente a tu web sin problemas, de forma rápida y sin límite de visitas.

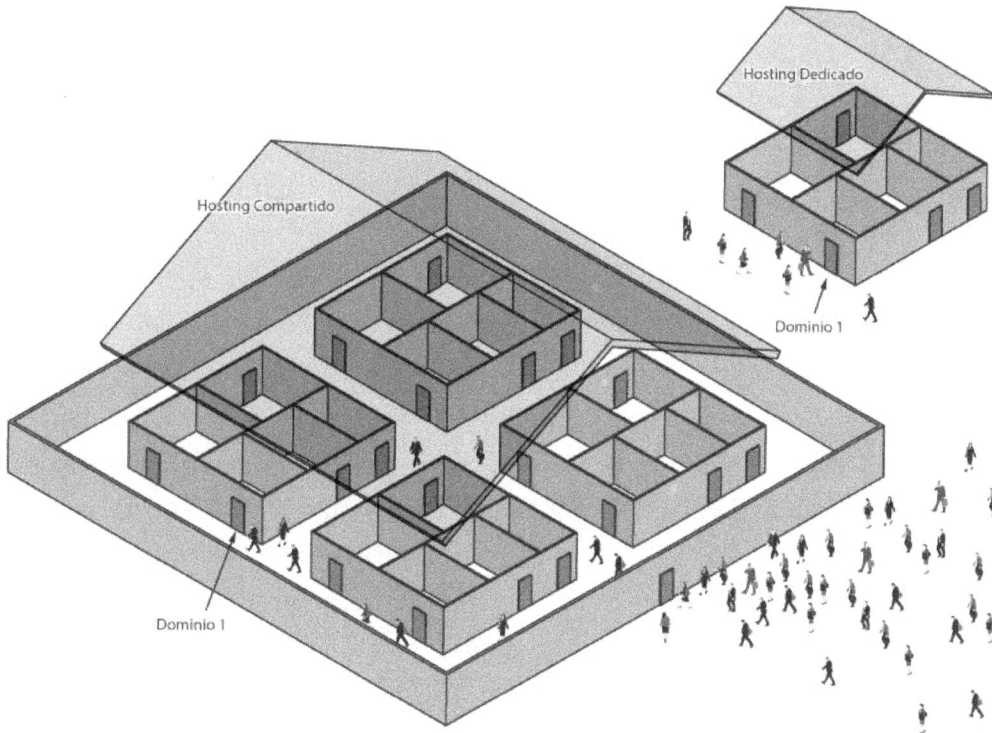

COMPRANDO EL ALOJAMIENTO

Si quieres puedes hacer una parada aquí y entender más lo que te he explicado y para ello lo mejor es hacer como si fueras a comprar uno a uno de los proveedores más conocidos y comparas su oferta de hostings:

- 1and1.es
- godaddy.es
- BlueHost.com
- Hostgator.com

Existen muchos proveedores hosting y no me interesa hacer publicidad sobre ninguno en concreto, ya que no he trabajado con todos ellos así que no sería parcial, pero con un par de minutos en Google investigando sacarás una buena idea.

Con los que he trabajado y en posición de aconsejarte sobre uno que sea fácil e intuitivo, con buen servicio al cliente, fácil plataforma de administrador y en español, podría recomendarte 1and1.es. Panel de control mostrado en la siguiente imagen.

Aunque ten en cuenta que es un proveedor elegido por muchísimas personas, por lo que si eliges su versión de hosting más barata quizá no tengas la mejor experiencia o velocidad web.

Algunos consejos para elegir tu proveedor:

- Dominios incluidos: Aunque pueden ser elegidos por separado y con diferentes proveedores, yo aprovecharía a comprar el dominio a la vez que compres el hosting ya que te harán ofertas para que compres los dos juntos y además creo que es una ventaja a la hora de configurarlo todo. Por lo tanto, no te precipites en elegir el hosting hasta que no hayas decidido el nombre de tu dominio y aprovecha.
- Idioma: Si no hablas inglés será mejor que o bien elijas un proveedor nacional o un gran proveedor internacional con web y soporte al cliente en español.
- Nº de bases de datos: Cualquiera que elijas vendrá como mínimo con una, pero es importante elegir un hosting con más bases de datos ya que quizás en el futuro querrás crear nuevas webs o aplicaciones y para ello necesitas una nueva base de datos cada vez. *Una base de datos por habitación.*
- Espacio web: Definido en Gigabytes (GB), será la capacidad que tenga tu espacio web o como comparé antes, *cuán grande sería la casa donde almacenarás tus webs.* Como más espacio, más número de webs podrás almacenar en él.
- Memoria RAM: es la memoria dedicada entre todos los visitantes y tu hosting y donde se almacenará las instrucciones de código más repetidas o archivos más descargados para que el acceso a tu web sea más rápido para la mayoría de tus nuevos visitantes. Mientras más memoria mejor.
- Linux o Windows: verás que todos te ofrecen estas dos opciones y Linux es la opción que tienes que elegir como sistema operativo de tu web, ya que es el más reconocido por servidores web.

- Los que eligen Windows son los que no entienden y piensan que tiene que ver con el Windows que tienen en su ordenador o los muy profesionales que saben que hay características específicas de su web y de su código que deben ser ejecutadas por el servidor Windows.

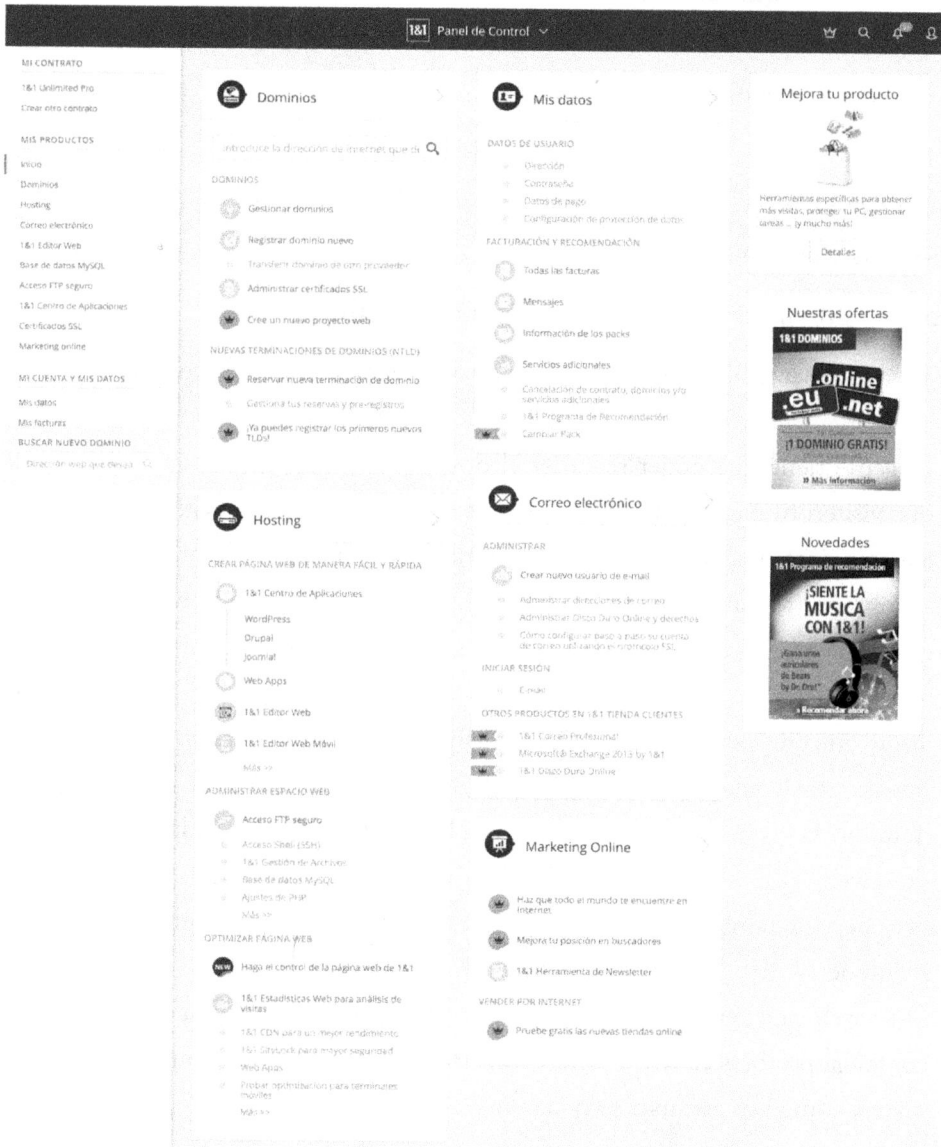

DOMINIO: ELÍGELO CORRECTAMENTE

El dominio elegido también será una parte fundamental de tu estrategia online y es muy barato.

Lo recomendable es que lo compres con el mismo proveedor del hosting, ya que te será más fácil su configuración aunque también puede ser que éste no ofrezca la extensión del dominio que deseas y prefieras adquirirlo en otro lugar. Tampoco es un problema.

Los proveedores más comunes de dominios son:

- 1and1.es
- godaddy.com
- dondominio.com

Las mejores consideraciones para elegir tu dominio:

- Tiene que ser fácil de recordar para los usuarios: Como más corto y fácil de recordar sea, mejor.
- La gente tiene que poder recordar el nombre tu web en una conversación e invitarles que visiten tu página, sin tener que encontrar tu tarjeta de negocio o email. Un buen ejemplo para una consultoría sobre marketing online podría ser: *visibilidad.online*, o un nombre corto para una app como Uber. Otros ejemplos que tuvieron un cambio de estrategia que les empeoró su marca fue segundamano.es al cambiar por... espera que lo googlée... vivvo.es
- Tiene que tener si no todas, algunas palabras clave para ayudar en el posicionamiento en buscadores: como en el ejemplo de camaortopedica.com, el objetivo al elegir este dominio es que coincidiera con parte de las palabras más buscadas en Google con el fin de la web.
- Si tu negocio también es físico y quieres conservar tu marca, entonces tu dominio debería mantenerla.
- Si tu web va a tener contenido en diferentes idiomas lo mejor es que el dominio no contenga palabras clave en un determinado idioma y que se limite a ser un nombre de marca, como por ejemplo, Lynda.com.

Eligiendo la extensión de tu dominio: .com, .es u otros.

Esto dependerá de tu actividad y de dónde esté tu audiencia. Si es una web en varios idiomas, con una audiencia desde todo el mundo, una extensión .com sería la más adecuada.

Pero si tu actividad es muy específica y existe una extensión relacionada con ella, podrías utilizarla para que tus usuarios lo asocien rápidamente, por ejemplo cristams.hotel, la cual ya sabes que o bien es un hotel o una cadena hotelera.

Adquirir dominios es barato y creo que para la seguridad de uno mismo es conveniente comprar diferentes opciones de tu dominio para que competidores no se apoderen de él y consigan en el futuro un posible tráfico.

Pero tampoco te obsesiones comprando el .com, .es, .de, .hotel, .org, .me y .info, ya que no será necesario y lo importante es que te enfoques en uno y se reconozca como tu marca. Si planeas que tu página compita muy fuerte en un solo mercado, definitivamente deberías usar la extensión de ese país, como .es para España o .de para Alemania.

Puedes encontrar un listado completo de extensiones de dominio en este enlace: http://www.iana.org/domains/root/db

Comprueba la disponibilidad de tu dominio

Cuando tengas en mente algunas posibilidades te recomiendo que vayas a internet a comprobar si ya existen, lo que te ayudará a descartar o quizás a tener que elegir otra extensión final para ello.

Para comprobar si está, no tienes más que ir a cualquier proveedor de dominios listados anteriormente e introducirlo en su barra de búsqueda. Todos te preguntarán qué dominio quieres para ver si está disponible.

Prefiero utilizar webs un poco más genéricas o globales para buscar la disponibilidad de mi dominio, ya que a veces si vas a un proveedor sólo te muestra si está disponible con ellos. Por ejemplo, en 1and1.es no podrás comprar o ver disponible un *dominio.de* alemán.

Una buena forma para empezar tu investigación es en www.dondominio.com/buscar/ e introducir el dominio que te gustaría, desplegándose un listado sobre su disponibilidad, pero no tan solo el que quieres si no diferentes variaciones de extensión por si ves una que podría funcionar mejor o como alternativa en caso de que el tuyo no está disponible.

INSTRUCCIONES PARA ENLAZAR TU DOMINIO CON TU HOSTING SIENDO LOS DOS DE DIFERENTES PROVEEDORES

Por varias razones podrías verte en esta situación. Has comprado un hosting, pero el dominio no lo encontraste en el mismo proveedor con la extensión que buscabas, o quizá hayas comprado la web y su dominio a otra empresa o webmaster. No puedo darte mucho detalle en el paso a paso y mostrarte capturas de pantalla para todas las posibles combinaciones, pero te guiaré a grandes rasgos sobre las acciones que debes hacer:

1. Ve al proveedor de tu dominio y encuentra la configuración DNS, en la que encontrarás un CNAME, MX, DNS1, DNS2.
2. Accede al panel de control de tu hosting donde tendrás almacenada la web y en su sección de dominios, clica en añadir uno nuevo. Tendrás varias opciones, pero deberás seleccionar la de enlazar un dominio externo.
3. Intenta clicar en diferentes opciones hasta que tengas la posibilidad de configurarlo manualmente e introducir la información que encontraste en el punto 1.
4. Espera un par de minutos y el dominio debería apuntar a tu nuevo alojamiento.

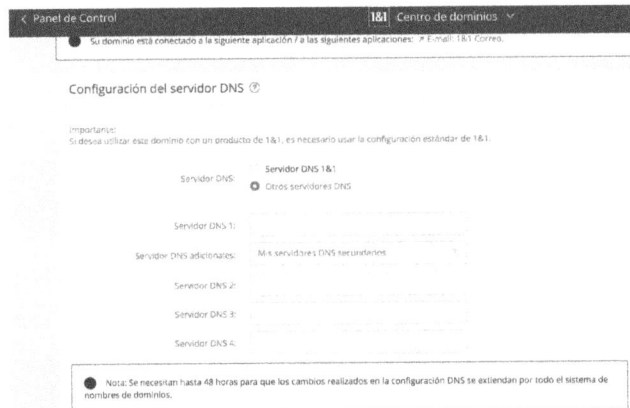

El CNAME es la versión de tu dominio con el subdominio www. Los registros MX son configuraciones para que tu email funcione con el dominio externo pero usando el proveedor de email del proveedor de tu hosting, que es donde tienes memoria para guardar tus correos. El dominio por sí solo, no es más que un nombre.

10. CREA TU PÁGINA WEB CON WORDPRESS: DESCARGA E INSTALACIÓN

En este punto deberías tener una mejor idea sobre a quién va dirigida tu web, qué pretendes conseguir, un dominio elegido y un hosting comprado. ¡Mucho avance, vamos a crear la web ya!

WordPress es la solución que me ha dado los mejores resultados en el desarrollo de páginas web o negocios online. Sus ventajas:

- Es gratis.
- Aumentas su potencial a base de 'plugins' (o extensiones), la mayoría gratuitos, que sería como las apps de tu móvil que les da diferentes funcionalidades.
- Cambias de diseño a base de diferentes plantillas con un presupuesto muy bajo y con un resultado perfectamente profesional y optimizado.
- Ofrece soluciones para cualquier tipo de páginas web, como de servicios, Ecommerce, redes sociales, descarga de productos, directorio, sistema de reservas, etc.
- Puedes desarrollar tu web en varios idiomas fácilmente.
- Puedes optimizar automáticamente muchos factores que afectan al posicionamiento, sin coste adicional.

PROCESO COMPLETO PARA CREAR TU WEB

No confundas el WordPress para crear webs (o también llamado CMS) con el sistema de blogs de WordPress.com. Nosotros nos centraremos en el primero, el cual se encuentra y se descarga en la URL: WordPress.org.

Para la instalación de la web será necesario que ya hayas comprado un alojamiento web y preferiblemente también el dominio, aunque si aún no lo tienes siempre podrás usar el dominio temporal que te ofrece el proveedor de hosting.

También te ayudará tener en mente la siguiente imagen general del proceso completo, ya que podrás hacer varias cosas en paralelo, las cuales te explico paso a paso:

```
┌──────────────────┐      ┌──────────────────────┐
│ Estudio de mercado│      │ Compara precios y calidades│
│                  │      │  para hosting y dominios│
└────────┬─────────┘      └──────────┬───────────┘
         │     ◄──────────────────────┤
         ▼                            ▼                          ▼
┌──────────────────┐      ┌──────────────────────┐    ┌──────────────────┐
│ Compra de dominio │      │  Compra del hosting   │    │ Descargar WordPress│
└────────┬─────────┘      └──────────┬───────────┘    └────────┬─────────┘
         │                           ▼                          │
         │                ┌──────────────────────┐              │
         │                │   Configuración FTP   │              ▼
         ▼                └──────────┬───────────┘    ┌──────────────────┐
┌──────────────────┐                │                 │ Subir Wordpress a la│
│ Apuntar dominio a │────────────────┼◄────────────────│    carpeta FTP    │
│   carpeta FTP    │                 │                 └────────┬─────────┘
└──────────────────┘                 ▼                          │
                          ┌──────────────────────┐              │
                          │  Configuración Base   │              ▼
                          │     de datos          │    ┌──────────────────┐
                          └──────────┬───────────┘    │ Instalar Wordpress │
                                     └───────────────►└────────┬─────────┘
                                                                │
                                                                ▼
                                                      ┌──────────────────┐
                                                      │ Elige y configura una│
                                                      │     plantilla     │
                                                      └────────┬─────────┘
                                                                │
                                                                ▼
                                                      ┌──────────────────┐
                                                      │   Web creada!     │
                                                      └──────────────────┘
```

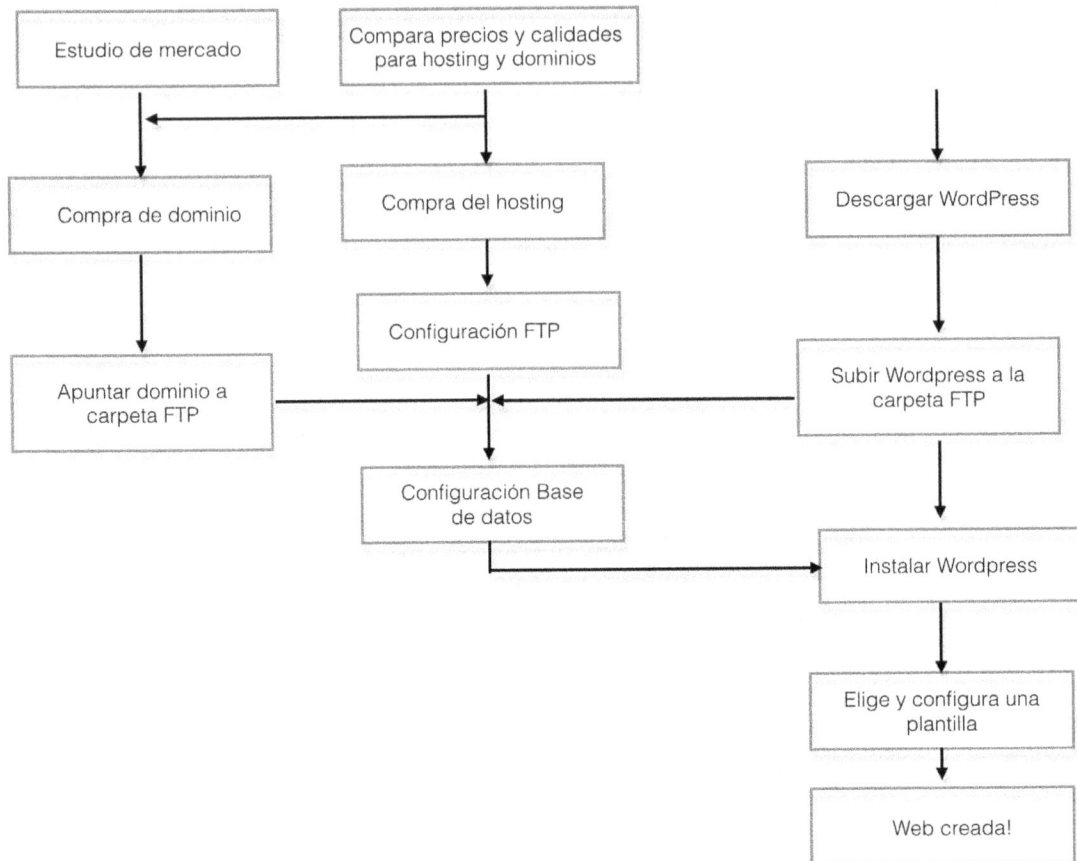

CONFIGURACIÓN FTP

¿Qué es un FTP y para que lo necesito?

Una vez tengas el alojamiento comprado (tu hosting o casa explicada anteriormente) tendrás que saber cómo acceder a su interior donde guardarás y modificarás los archivos de tu web constantemente. Sin embargo, tienes que conocer una manera para no tener que entrar por la puerta principal (el dominio) ya que cuando la web esté activa esa puerta es la de entrada para tus visitantes a tu bonita tienda o web, por lo que vamos a construir una "puerta trasera" donde tienes los archivos y documentos almacenados.

Este acceso se realiza vía FTP (Files Transfer Protocol).

Cuando desarrollamos una web la trastienda o parte trasera de tu página web se denomina *back-end* (parte de atrás en inglés).

Y la web o producto final visible por los visitantes a tu domino o página web se denomina *front-end* (parte delantera o de cara al público).

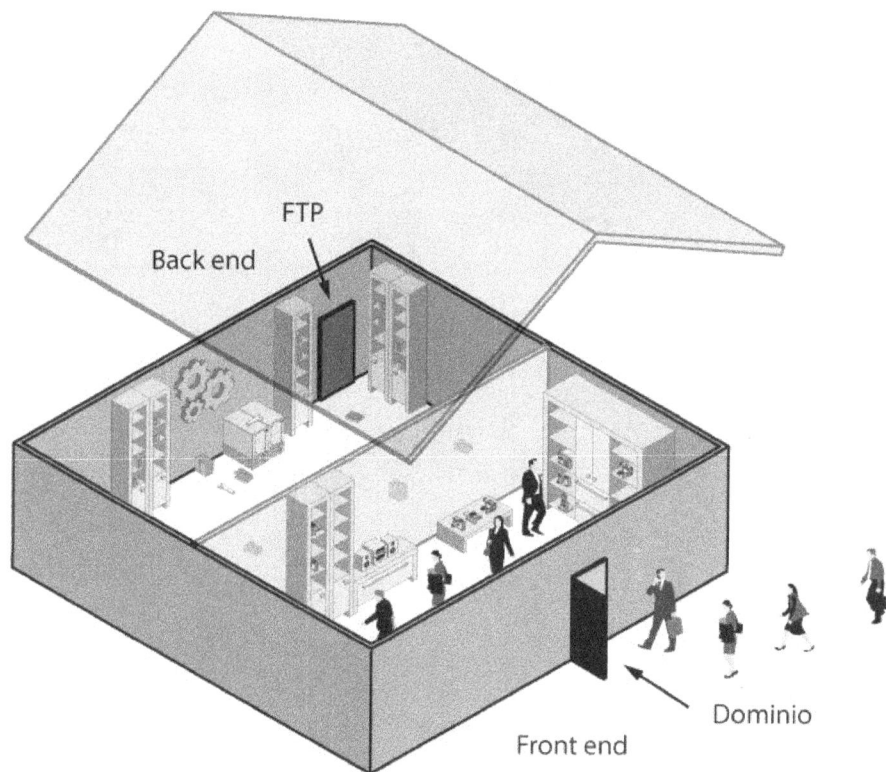

Acceder a tu FTP para ver los archivos web

Paso 1

Accede al panel de control de tu proveedor, ya sea 1and1, Asys, o cualquier otro y localiza donde habla sobre FTPs. Podrás encontrarlo buscando por *Acceso FTP* o *Gestión de Archivos*.

51

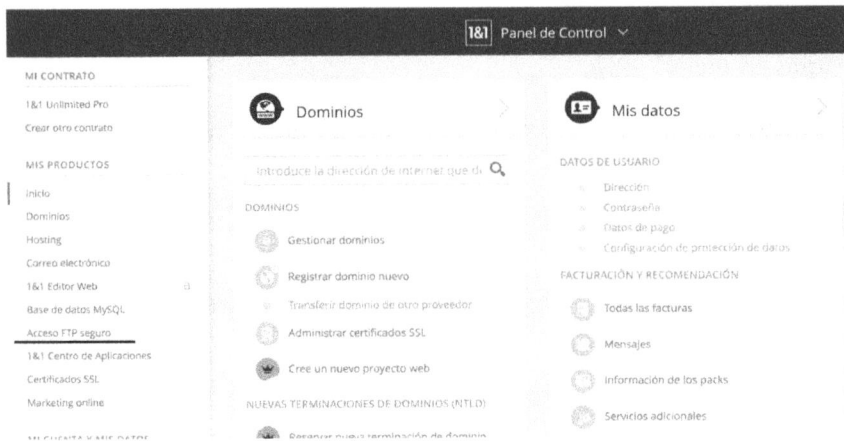

Paso 2

Crea una conexión FTP nueva y te dará automáticamente la siguiente información o debería estar escrita por la pantalla. No te vayas sin obtener estos datos:

Servidor: Muchas veces es simplemente tu dominio (en el caso de 1and1) aunque hay muchas otras en las que se añade un ftp@ o ftp. delante de él.

Usuario: Será una combinación alfanumérica.

Password: La que tú hayas elegido al momento de crear el acceso FTP.

Paso 3

Ahora tienes que descargar un programa que te permita acceder a esa trastienda FTP y ver tu web como un sistema de carpetas y archivos como el de un ordenador.

Estos software son gratuitos y existen varios aunque los que te recomiendo son Filezilla (para cualquier sistema) o Yummy FTP (para Mac).

Una vez instalado, abre el programa e introduce los 3 datos que obtuviste en el paso anterior (servidor, nombre de usuario y contraseña) en sus respectivas casillas seguido por un clic en "Conexión rápida".

Verás la pantalla principal con diferentes divisiones donde normalmente a la izquierda visualizarás tus archivos en tu ordenador y a la derecha los archivos web online a donde acabas de acceder.

Podrás arrastrar fácilmente archivos de un lado a otro permitiendo subir o descargar archivos de tu ordenador a la web o viceversa.

Así es como vamos a subir las carpetas de WordPress a directorio raíz de nuestra FTP.

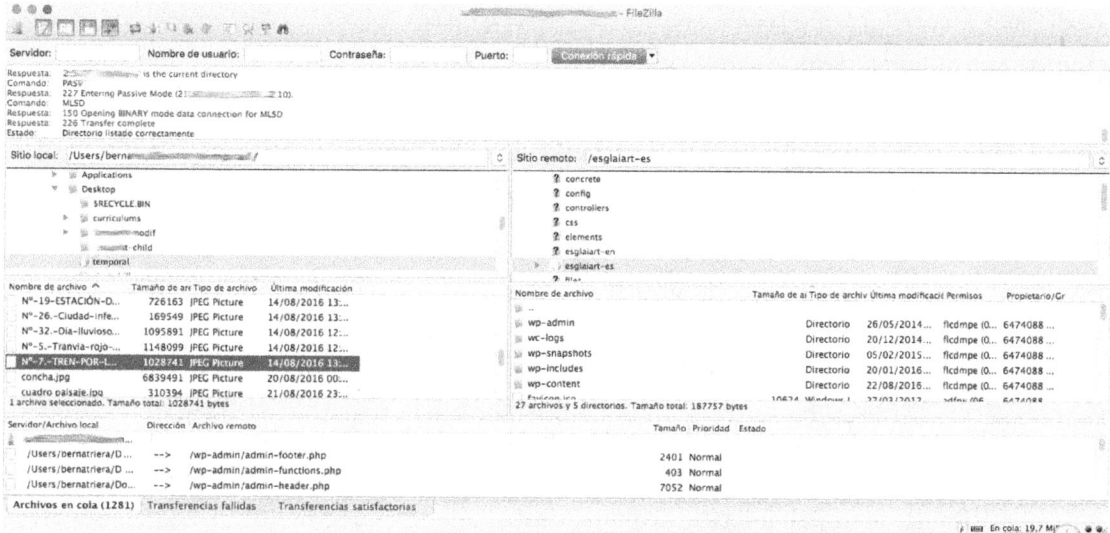

CREAR BASE DE DATOS PARA TU WEB

La base de datos de una web será muy importante para poder crear contenido y flujo de datos entre la web y los usuarios. Serían las estanterías de esa trastienda en la que colocaremos las carpetas y documentos para que sean encontrados fácilmente y siempre que sean necesitados.

Tan solo necesitas una base de datos por página web y de forma similar al FTP, crearemos una nueva desde el panel de control de tu proveedor de hosting. En esta ocasión, deberás encontrar un apartado de *base de datos* o *MySQL*. En la captura de pantalla anterior lo encontrarás justo encima del acceso FTP, llamado *Base de datos MySQL*.

Clicando en esa opción te mostrará las que tienes disponibles y la opción de crear nuevas. Crea una nueva y asegúrate de poner una contraseña complicada que sólo necesitarás una vez al instalar WordPress.

Una vez creada y pasados unos minutos en los que necesita configurarse obtendrás la siguiente información que deberás copiar en algún lado, ya que la tendrás que utilizar durante la instalación. Estos datos son:

- Nombre de la base de datos
- Usuario de la base de datos
- Servidor de la base de datos
- Contraseña

SUBIR Y CONFIGURAR WORDPRESS EN TU WEB

Genial, ahora ya tenemos el acceso a la trastienda (FTP) y hemos colocado las estanterías (Base de datos). Ahora solo nos falta empezar a subir el contenido de WordPress para estar bien cerca de tener una web funcional.

Para descarga y subir las carpetas de WordPress a tu espacio web sigue estos sencillos pasos:

1. Descarga la última versión de los archivos de WordPress que encontrarás en es.WordPress.org.
   En un par de minutos se te habrá descargado un archivo que al descomprimirlo tendrás una carpeta llamada WordPress llena de otras subcarpetas y archivos, esto será básicamente tu web inicial y casi funcional.
2. Sube esos archivos a tu web online a través del programa FTP que te has descargado (FileZilla por ejemplo) y conecta la sesión con tu hosting.
3. A la izquierda (tu ordenador) localiza donde tienes la nueva carpeta WordPress, y a la derecha puedes ver que hay alguna carpeta o algún archivo, no te preocupes y crea una nueva carpeta a la que llamarás como quieras para tu referencia, para el caso la llamaremos "webrestaurante".
4. Arrastra todo el contenido de dentro de tu carpeta WordPress de la izquierda (sus subcarpetas y archivos) a dentro de la carpeta "webrestaurante" de la derecha y espera a que termine el proceso de subida.

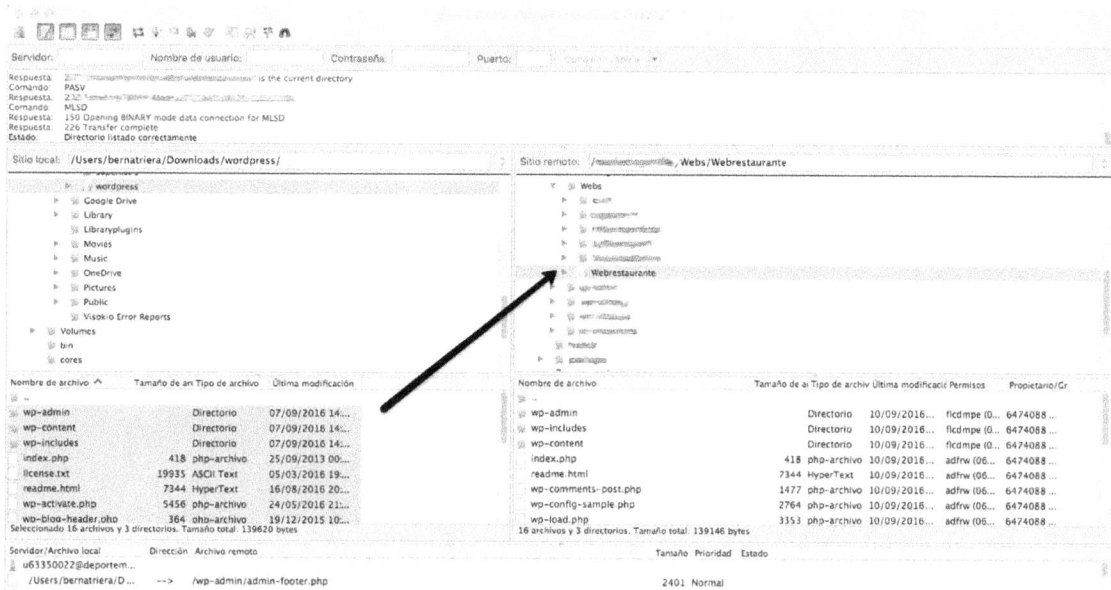

5. Una vez tu web está casi lista dentro de tu carpeta online *webrestarurante* es el momento en que tenemos que abrir la puerta principal de entrada a través del dominio.

Para ello, debemos asegurarnos desde el panel de control de nuestro hosting de que el dominio apunta a esa carpeta.

6. Ve al apartado de dominios y edita el destino del dominio deseado el cual apuntará a la carpeta raíz online por defecto. Selecciona la carpeta online /webrestaurante/. El cambio puede tardar unos minutos en ser efectivo.

7. El proceso se habrá completado si al introducir esa URL en el navegador (mirestaurante.es) se te abre la siguiente ventana de instalación de WordPress donde seleccionas el idioma y configuras la base de datos con los 4 puntos de información que has conseguido anteriormente (nombre de la base de datos, usuario, servidos y contraseña). También te pedirá un prefijo de la tabla que por defecto es wp_, aunque yo lo suelo cambiar a dos letras mas relevantes a mi web, por ejemplo en este caso, mr_.

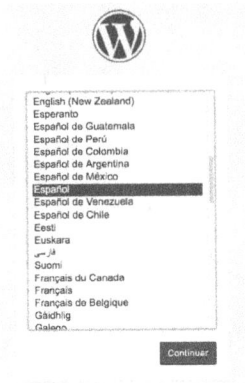

8. Al continuar, WordPress confirmará que todo está bien configurado y ya solo tendrás que introducir cuáles serán tus nuevas claves de acceso. Elige un nombre de usuario y contraseña que sea compleja, pero puedas recordar fácilmente ya que será la que más utilices.

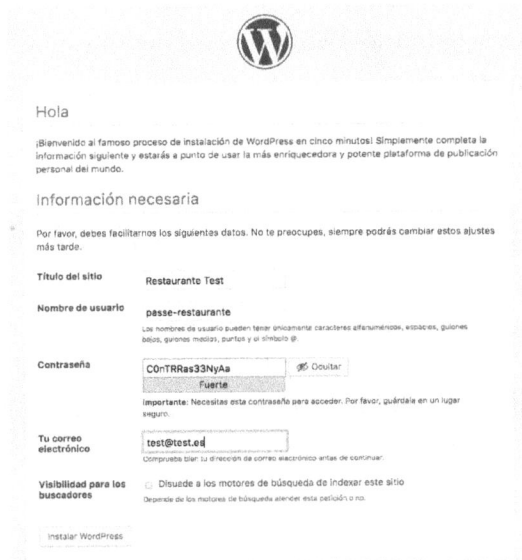

9. Debería estar todo correcto e introduciendo mirestaurante.es en el navegador abrirá la web de WordPress por defecto.

10. Si quieres acceder a la trastienda de tu web puedes hacerlo a través de mirestaurante.es/wp-admin/.

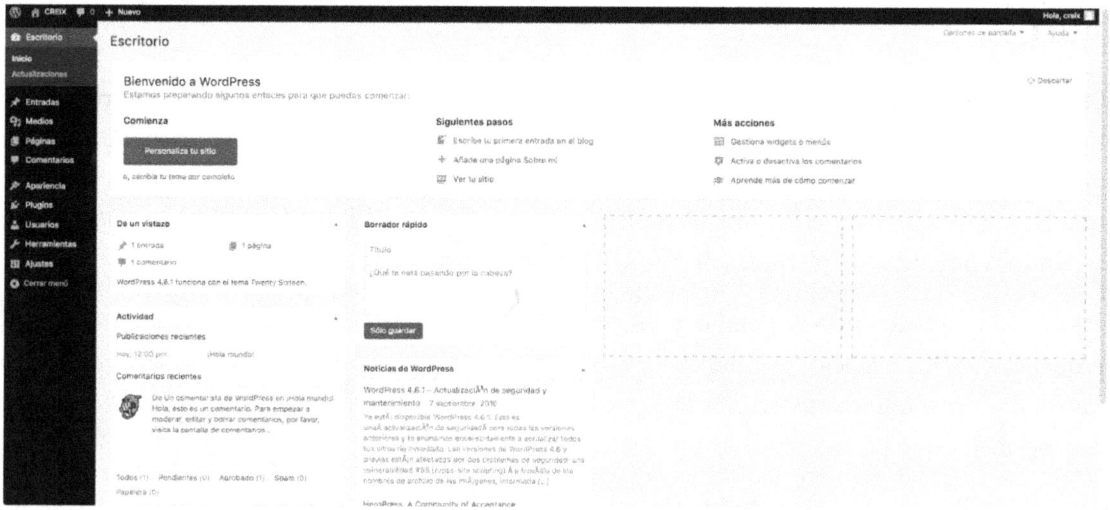
CREIX
Nuevo
Hola, creix
Escritorio
Inicio
Actualizaciones
Entradas
Medios
Páginas
Comentarios
Apariencia
Plugins
Usuarios
Herramientas
Ajustes
Cerrar menú
Escritorio
Bienvenido a WordPress
Comienza
Personaliza tu sitio
Siguientes pasos
Escribe tu primera entrada en el blog
Añade una página Sobre mí
Ver tu sitio
Más acciones
Gestiona widgets o menús
Activa o desactiva los comentarios
Aprende más de cómo comenzar
De un vistazo
1 entrada
1 página
1 comentario
WordPress 4.6.1 funciona con el tema Twenty Sixteen.
Borrador rápido
¿Qué te está pasando por la cabeza?
Sólo guardar
Actividad
Publicaciones recientes
¡Hola mundo!
Comentarios recientes
Noticias de WordPress

11. DISEÑO DE TU WEB A TRAVÉS DE PLANTILLAS Y PLUGINS

Cuando empecé a desarrollar webs, entendí que en el mundo online es muy importante ser rápido, versátil y dar la mejor impresión. Hubiera tardado un par de años en aprender a desarrollar una web en condiciones con código HTML, CSS, dreamweaber, javascripts y todo lo que las componen para crear una web profesional que puedo adquirir por $40 en cuestión de segundos en tiendas de plantillas de WordPress.

Piensa lo que vale vuestro tiempo y en lo que lo queréis gastar. Para mí, lo importante es enfocarme en los negocios online, en su estrategia conjunta con el posicionamiento y anuncios sacándole un rendimiento económico, así que pagar por trabajo que los demás saben hacer mucho mejor que yo, es una decisión inteligente.

Si el WordPress que acabas de instalar es el cuerpo (esqueleto y piel) de tus página web, las plantillas, también conocidos como themes o templates, son su aspecto, vestimenta, estilo, funcionalidad y la experiencia del usuario en ella.

La fuente más popular para comprar plantillas es themeforest.com y en el menú encontrarás un apartado específico para plantillas de WordPress.

Aquí tendrás que filtrar entre muchísima. Probarla e investigar un poco antes de comprar, aunque te guiaré un poco sobre cómo simplificar tu búsqueda.

ELIGE LA MEJOR PLANTILLA PARA TU NEGOCIO

Aquí te presento mis trucos para elegir una plantilla ganadora a la primera:

Usa filtros, pero no por categoría ya que una buena web para tu empresa podría estar en diferentes, como *creativas*, *budypress*, etc, sino por año creado. Elige recientes si quieres algunas que no tenga mucha gente y se vean actuales o más antiguas para que probablemente sean más robustas y ya corregidas a lo largo del tiempo. Mira sus reseñas, número de veces descargada y sus precios, entre otros.

Una vez tengas el primer listado de plantillas que quieres evaluar, clica en una para que se abra la página de la plantilla proporcionándote todos sus detalles e incluso los comentarios de la gente o un enlace a la versión demo donde la podrás ver en acción.

En este momento de evaluación de la plantilla, miro unas cuantas cosas para tomar mi decisión:

Número de la versión. Mi recomendación es que analices cuántas versiones de la plantilla ya se han sacado por los desarrolladores desde el momento que la lanzaron y cuándo fue su última actualización. Podrás averiguarlo si bajas un poco hasta encontrar el *update log* (registro de actualizaciones).

Si la plantilla lleva muchos años en venta y hace bastante que no sacan una actualización me indica que esta plantilla ya no es una de las prioridades de la empresa desarrolladora, así que si algo está mal en el código quizá no lo corrijan pronto.

Reseñas: Mira cuántas descargas ha tenido esa plantilla y su valoración total. Recuerda, es más fiable 4 estrellas de 12.000 personas que se la han comprado que 5 estrellas de 20 personas, aunque seguro que ya sabemos analizar reseñas y opiniones a estas alturas.

Comentarios: Me interesa mucho mirar la pestaña de los comentarios por dos razones: 1) Cuántos comentarios tiene, indicándome que quizás es difícil de cambiar partes de ella o no es muy intuitiva por lo que la gente necesita ayuda. 2) Cómo de rápido el desarrollador contesta a los problemas y con qué tono o detalle. Da igual si es compleja mientras tengas un buen soporte técnico que te contesta en menos de un día.

Características: Esto dependerá de lo que tu página necesite y de con qué plugins debería ser compatible. Por ejemplo, asegúrate de que si quieres una comunidad social en tu página, tu plantilla tenga el plugin 'buddypress' o similar incorporado. De la misma manera que si quieres una tienda online, la plantilla deberá ser compatible con 'woocommerce' aunque probablemente, ya la lleve de serie. Si quieres una página con diferentes idiomas, la plantilla tendrá que estar preparada para instalar un plugin de idiomas como 'WPML'.

Precio: No creo que sea el factor más relevante, todas están entre \$35-\$55 así que enfócate más en cual tiene lo que realmente necesitas y te dará el mínimo trabajo.

Live Demo: ves a la demo y navega a través de la página como si fueras un usuario, un cliente *tuyo*, no tú como desarrollador. Fíjate en lo siguiente:

- Menú: ¿Te gusta su posición, cómo despliegan los submenús, etc?
- Home page: ¿Te gusta su estructura, funcionabilidad, imágenes, slider?
- Normalmente ofrecen diferentes versiones de la home page de las que podrás elegir el diseño que más te guste con un simple clic.
- Páginas individuales: Mira cómo está la estructura de su contenido, imágenes, fuente usada, colores y tamaños.

- Tienda online: si quieres una tienda online, visualiza cómo muestra el listado de productos, y clicando en un producto específico, ¿Cuánta información muestra? ¿Cuántas imágenes? Reseñas, comentarios, botones para comprar, comparar o añadir al carrito o lista de deseos (wishlist).
- Blog: La forma en mostrar las últimas publicaciones, filtrarlas, etc.
- Equipo: Si necesitas mostrar a los integrantes de tu equipo, asegúrate de que la plantilla tiene una sección para el equipo, con imágenes, descripciones y datos individuales de contacto.
- Portfolio: Si te interesa mostrar a tus clientes tus últimos servicios o trabajos, esta sección tiene que estar en tu plantilla antes de comprarla.
- Contacto: ¿Es cómo te gustaría que tus usuarios vieran tus datos de contacto? Los campos del formulario podrás cambiarlos, pero en vista general, ¿Te gusta cómo muestra el mapa y la información?

PLUGINS PARA COMPLEMENTAR TU WORDPRESS: LA ROPA

Con WordPress le pusimos a nuestra web el *cuerpo* y la *piel*, pasando de nada a una web funcional. La plantilla era el *vestido*, dándole su imagen y look principal. Los plugins que vamos a ver a continuación representarían los *complementos* como el reloj, los zapatos, las gafas,...

Los plugins darán toda una variedad de habilidades y valor añadido a tu web y de forma gratuita.

Con el tiempo verás que la mayoría de las cosas que te gustaría que tu web hiciera, otros desarrolladores ya lo han pensado y creado gratis para ti.

Los plugins deben ser primero instalados y posteriormente activados. Puedes tenerlos instalados sin que estén activos, lo que será muy útil si un día tienes algún problema y quieres comprobar si algo que has activado recientemente es incompatible con tu plantilla o con otro plugin.

¿Cómo añadir un plugin?

Para añadir un plugin tienes dos opciones:

La fácil y gratuita: Vas a la sección 'plugins' del menú de la izquierda de tu WordPress (accediendo vía miweb.es/wp-admin) y selecciona 'añadir nuevo' en la pestaña de arriba.

Navega sobre los sugeridos o busca en su barra de búsqueda con palabras clave como "languages" y una vez explores las diferentes opciones ofrecidas clica en instalar. Una vez instalado, como dije, deberás activarlo para que empiece a funcionar o que lo puedas configurar.

De pago: Hay plugins que son de pago y no los encontrarás en el catálogo de WordPress, sino Googleando y a través de páginas.

Una vez lo encuentres descárgate el archivo comprimido a tu ordenador (quizá previo pago) y después desde WordPress, en la misma sección de 'añadir nuevo', selecciona esta vez 'Subir archivo' y selecciona el archivo comprimido descargado.

Vía FTP: Los plugins no son más que subcarpetas dentro de la carpeta raíz online de tu web webrestaurante/content/plugins/ y allí puedes subirlos o eliminarlos accediendo vía FTP. Muy útil si un día un plugin te bloquea la web completamente y no puedes ni acceder al *backend* de tu WordPress.

10 Plugins que debes conocer

1) WP Fastest Cache

Es el mejor plugin para manejar la caché de tu página web. La caché es una memoria que ayuda a cargar las páginas webs más rápido.

Cuando visitas una página web, esta te instala cierto elementos en la memoria caché del ordenador que hará que la próxima vez que la visites se te cargue más rápido, ya que esos elementos estarán pre-descargados.

El problema para los desarrolladores es que cuando hacemos cambios en nuestra página, los visitantes podrían seguir viendo contenido antiguo, pero este plugin nos ayudará a vaciar la caché almacenada y solicitar a los ordenadores que vuelvan a cargar todos los archivos de nuestra web aunque los tuvieran.

Además tiene otras funciones adicionales como la compresión GZIP, que permite transferir y cargar las páginas más rápidamente entre los servidores y navegadores mediante un protocolo de compresión y descompresión entre terminales. Todo hecho automáticamente, así que no te preocupes.

Para vaciar rápidamente la caché después de haber hecho varios cambios tan solo tienes que clicar en limpiar todas las caché ("Delete Cache") desde la nueva pestaña llamada "WP Fastest Cache" en barra horizontal superior de administración de WordPress.

2) All in one SEO o Yoast SEO

Este es el segundo plugin que instalo a todas mis páginas web en WordPress. Hay muchos desarrolladores que prefieren Yoast SEO, aunque me he acostumbrado a *All in one SEO* y mientras sea compatible con las plantillas y plugins, utilizo ese.

Los dos hacen su trabajo, que es poder personalizar con un título, descripción y otras características del posicionamiento a todo tu contenido, como todas las páginas, productos, publicaciones de blog.

En las opciones generales podrás configurar formular para generar títulos o descripciones automáticas a partir del nombre del blog o web, autor, fecha, categoría o descripción aunque el mejor uso para un buen posicionamiento es escribir cada título y descripción individualmente, es decir, sólo dejar en el título `%page_title%` y en la descripción `%description%` lo que significa que tendrá en cuenta el título y la descripción que pongas en cada página individualmente, teniendo 60 y 160 caracteres respectivamente.

Si usaras algo como `%page_title%|%blog_title%` entonces al título que pongas en una página individual se le añadirá al final el nombre de tu web.

Finalmente estos plugins también te permiten marcar con un 'Noindex' a ciertas páginas para que no sean indexadas por Google, ya que quizá sabes que conscientemente estás duplicando contenido, o que es una página vacía con un solo formulario de contacto y no quieres que la gente vea esa página desde los resultados de Google.

3) WPML

Si quieres hacer una página web en diferentes idiomas necesitarás este plugin ya que te permitirá editar y duplicar todo tu contenido a cada idioma.

Es de pago ($29 una sola vez desde https://wpml.org/) pero es muy útil y podrás usarlo en todos tus sitios web. Hay muchas plantillas que ya lo incluyen, así que esto puede ser una de tus condiciones al elegirla.

Entre sus configuraciones, verás que te permitirá elegir cómo quieres mostrar las páginas en sus diferentes idiomas. Yo siempre elijo a modo de directorio, es decir, /es/, /en/, etc.

Entre las opciones encontrarás la opción de 'Ocultar idiomas' la que te permitirá poder traducir todo el contenido tranquilamente sin tener que publicar los cambios, hasta que los tengas todos completos.

También podrás seleccionar el idioma por defecto y si algún idioma está en construcción, puedes márcalo como oculto.

Ahora sólo tienes que editar tu página como habitualmente y verás a la derecha los otras idiomas con un más si aún no has editado nunca ese lenguaje o un lápiz, ambos te llevarán a la misma página editable pero en ese idioma.

También te recomiendo instalarte el plugin "WPML flag in menú" si quieres mostrar en tu menú las banderitas selectoras, como podrás ver en mi página web bernatriera.es.

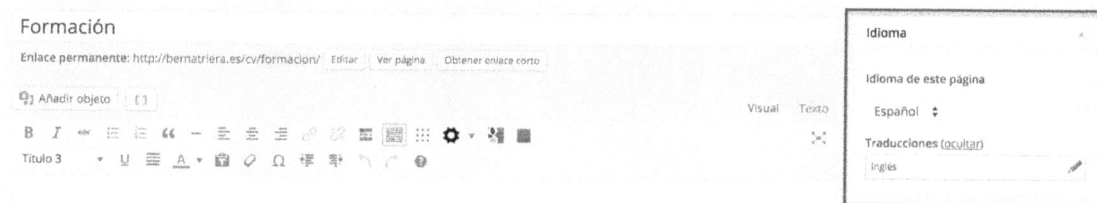

4) Revolution Slider

Hay otras soluciones más simples para crear sliders en tu home page y la mayoría de plantillas ya lo traerán incluido por defecto, pero *Revolution Slider* es el que se ve más profesional y te permite unas configuraciones más complejas y atractivas.

Te permite mostrar una imagen apaisada con un efecto de entrada o de zoom sobrepuesto con texto (u otras imágenes) a distintos tiempos, dándole un efecto muy dinámico y moderno.

Podrías buscar un tutorial para entender todas las posibles configuraciones que tiene, pero tampoco no hace falta. Los sliders que te vienen como ejemplo (si no tienes ninguno puedes bajártelo en: http://revolution.themepunch.com/example-downloads/) son la mejor manera de aprender a manejarlo.

Descárgate el que más te guste de este link, impórtalo desde sus opciones y modifica texto e imágenes para adaptarlo a tu web. Descubrirás que cada 'slide' tiene su propia configuración: tiempo y movimiento de las letras o de las imágenes, posicionamiento de los elementos en la pantalla, transiciones, etc.

5) Woocommerce

Es el plugin por excelencia en las tiendas online de WordPress. De hecho probablemente también te venga incluido en tu plantilla si la has elegido una con tienda online. Te permite crear productos fácilmente, aceptar pagos online, configurar el stock y seguimiento de ventas e ingresos.

Existen muchos plugins que complementan a la tienda electrónica que quizá te interesen, como *YITH WooCommerce Zoom Magnifier* que te aplica un zoom sobre la imagen de los productos cuando pasas el ratón por encima, o *WooCommerce Product Archive Customiser*, para cambiar el número de productos mostrados por página.

Un plugin complementario que uso mucho es *WooCommerce Email Inquiry & Cart Options* el cual me permite mostrar un formulario individual en cada producto, ya que muchos usuarios antes de comprar prefieren asegurarse de que cumple sus expectativas. Cuando alguien rellena ese formulario, recibiremos un email con sus preguntas y un link del producto al que se refieren, así nos permite relacionarlo directamente.

6) Broken Link Checker

Uno de mis favoritos para detectar los enlaces rotos en tu página, es decir, que apuntan a una URL que devuelve un error de servidor o página no encontrada. Es muy importante no tener enlaces rotos desde nuestra web ya que Google nos penaliza empeorando nuestro posicionamiento SEO.

7) Loco

Si quieres hacer una página web en español u otros idiomas que no sean inglés, este plugin será básico en tu lista. Muchas plantillas y plugins te vienen sólo en inglés y con *Loco* puedes traducir manualmente lo que veas que se muestra en inglés en tu página al lenguaje que toca.

Ve al plugin y elige el paquete en el que podría estar la línea de texto que quieres traducir, por ejemplo, si es algo propio de un plugin que te has instalado, selecciónalo clicando en el idioma al que quieres traducir. Busca la frase en la casilla de búsqueda y una vez la encuentres, añade su traducción en la casilla de texto respectiva.

8) Duplicator

Duplicator te permite exportar toda tu web tal y como la ves con todas sus configuraciones y datos de la base de datos para ser importada a otro hosting o simplemente, a otro directorio en tu mismo hosting.

Yo lo utilizo principalmente a modo de *backup* (copia de seguridad) para tener mi página guardada cuando funciona, por si un día algo va mal y se cae la web.

Entonces, mientras detecto el problema y lo arreglo quiero asegurarme de que mis visitas no van a un 'Error de servidor 500', por lo que reenvío rápidamente mis visitas a mi web duplicada, guardada en mi FTP en otro directorio, como /webrestaurante1/.

Crear un duplicado es muy sencillo. Solo tienes que seguir estos pasos:

1. Clica *Duplicator* en el menú vertical de la izquierda para acceder a los paquetes creados y a su configuración.
2. Crearemos un nuevo seleccionando a la derecha 'Create new package'.
3. El paso de *'installer'* es opcional y sirve para configurar la nueva dirección a donde va la web, así como los detalles de una nueva base de datos, si la hubiera.
4. A continuación, escaneará si todo está listo para duplicar la web. Quizás tengas algunos avisos 'Warnings', pero mientras no tengas errores puedes completar el proceso con 'Build' (Construir), que generarás 2 archivos, un installer.php y otro .zip con todo el contenido pesado. Descárgalos y guárdalos en una carpeta de tu ordenador para cuando sea necesario recuperar la web.

Ahora que ya tienes los archivos, te voy a explicar lo que deberías hacer si quieres trasladar tu web duplicada a otro dominio o carpeta FTP:

5. Crea una nueva base de datos desde tu proveedor, ya que la necesitarás para instalar esta *nueva* web.
6. Accede a tu nuevo carpeta a través del acceso FTP donde apuntará el *nuevo* dominio y sube los dos archivos que descargaste previamente.
7. Configura que el *nuevo* dominio apunte a esa carpeta, por ejemplo: /webrestaurante2/
8. Visita ese dominio seguido de /installer.php, por ejemplo webrestaurante.com/installer.php y se te abrirá una ventana de instalación de *Duplicator* solicitándote los detalles de la nueva base de datos, nuevo nombre de usuario y contraseña, que obtuviste en el primer paso.
9. Procede con la instalación de tu web duplicada y una vez hayas comprobado que todo ha ido bien puedes borrar los archivos de instalación, ya que sólo te ocuparán espacio.

9) Contact Form 7

Es el plugin rey para formularios de contenido, aunque existen muchos otros. Es el más popular. La mayoría de plantillas lo llevan incluidos, pero sino deberías instalarlo.

Te permite solicitar a tus usuarios todos los datos que quieras creando un formulario de contacto. Puedes hacer campos de texto de distintas medidas, mostrar diferentes opciones de selección, hacer que algunos campos sean obligatorios, inserción de re-captcha entre otras funciones.

En la pestaña de "Correo electrónico" podrás definir cómo será el email que recibas una vez alguien complete el formulario. Tan solo tienes que añadir los campos que pediste en el formulario como [email] o [nombre] para que el email recibido te muestre esos valores insertados.

Finalmente para mí es muy importante conservar a los usuarios que acaban de rellenar el formulario (normalmente es el último paso antes de que se vayan de la web), por lo que en los ajustes adicionales pego esta línea de código y los redirecciono a donde quiera: `on_sent_ok: "location.replace('http://www.miweb.es/gracias/');"`

Reenviando a los usuarios a la nueva página de /gracias/ que he creado, les confirmo la recepción de su solicitud de contacto y aprovecho para mostrar otros servicios o productos en los que podrían estar interesados, además de poner códigos de conversión los cuales indican a otras plataformas como Google Analytics o Google Ads de que se ha completado una acción, que podría ser un contacto o una venta.

10) XML Sitemap & Google News o Google XML Sitemap

Te presento dos plugins que hacen un trabajo similar, pero para mí la mayor diferencia dependerá si tu página es multilenguaje y utilizas el plugin mencionado anteriormente *WMPL* o no. El primero es más completo, aunque no te detecta las páginas en otros idiomas, en otros directorios como /en/, en cambio el segundo, (Google XML Sitemap) sí.

Estos plugins te crean automáticamente el sitemap de tu página web que es un listado de todas las distintas URLs que tiene tu página web junto con su prioridad respecto a otras y cómo de frecuente ese contenido puede cambiar, por lo que Google debería rastrearla cada día o mes.

AÑADIENDO WIDGETS: LOS COMPLEMENTOS

Los widgets son pequeños espacios predeterminados en tu página que te permiten agregar diferentes funcionalidades a las páginas donde son mostrados y son diferentes en cada plantilla.

Las posiciones de los widgets más comunes están en los laterales y en el *footer* (pié de página).

Los puedes encontrar en el menú vertical de la izquierda de WordPress, dentro de 'Apariencia'. En esta pantalla verás dos grupos de cosas:

- A la **derecha** detectarás todos los posibles lugares donde hay espacio para widgets. Estos pueden ser específicos por tu plantilla (Home widget, Blog,...) o más genéricos (Columna derecha, Footer,..).

  Es interesante elegir bien, ya que por ejemplo en las publicaciones de tu blog te interesa más mostrar al usuario un listado de otras publicaciones para que sigan leyendo, un menú de categorías o filtrado por fecha de las entradas.

  En el footer es más común insertar un texto a modo de copyright, un menú con los enlaces más relevantes, los datos de contacto o un pequeño formulario.

- A la izquierda tienes todas esas funcionalidades que pueden ser añadidas a tus widgets de la derecha. Solo tienes que seleccionarlos y arrastrarlos a donde quieras que estén.

  Una vez has colocado una funcionalidad en un widget se desplegará con las opciones o configuraciones que necesitan, como por ejemplo si muestras un complemento de Facebook para mostrar tus fans, deberás configurarlo con tu página de Facebook.

12. SEGURIDAD EN WORDPRESS

A nivel técnico ya está casi todo listo, ahora te quedará lo más difícil, que es la creación de buen contenido o servicio para tus usuarios.

Pero antes y ya que estás con las manos en la parte técnica, déjame aconsejarte de algunos pequeños consejos para proteger tu página de posibles ataques cibernéticos, evitar que te dupliquen la página en otro dominio, comentarios spam o evitar caídas indeseadas de tu web.

Cabe destacar que todas estas recomendaciones no son más que pequeñas trabas para quien te quiera molestar, pero sabemos que si los buenos hackers acceden a webs del gobierno americano, también sabrán cómo acceder a la nuestra. Aquí van algunas de las mejores recomendaciones para proteger tu WordPress:

Borra install.php y upgrade.php

Una de las principales puntos de seguridad que se recomiendan, incluso en la página de WordPress como punto posterior a la instalación del sistema, es borrar los siguientes archivos, en serio, no te preocupes, no los necesitarás más:

- wp-admin/install.php
- wp-admin/upgrade.php

Protección extra para el archivo config.php

Es uno de los archivos con información más delicada, recuerda, es donde pusiste tus claves secretas y toda la información de tu base de datos, lo que permitiría a cualquiera robarte toda la información en ella.

Lo primero que debes hacer es cambiarlo de carpeta si es posible. Ahora está en la base de tu /webrestaurante/, pues este archivo puede estar en un nivel superior, así para los que lo busquen en /webrestaurante/wp-config.php ya no lo encontrarán.

Y finalmente, puedes bloquear desde el archivo de la carpeta raíz .htaccess toda modificación y lectura al config.php. Introduce estas líneas al principio del .htaccess.

```
<files wp-config.php>
order allow,deny
deny from all
</files>
```

Contraseñas complicadas para BBDD, FTP y usuarios

Si te dijera que lo esencial en seguridad online es que tengas contraseñas difíciles no es un secreto, ¿verdad? Pues aquí volveré a insistir.

La base de datos y el acceso FTP deberían tener contraseñas muy largas llenas de símbolos, números y letras minúsculas y mayúsculas porque no las necesitarás más después de la configuración inicial, así que guárdalas en un sitio seguro de recordatorio de claves por si un día las necesitas, pero asegúrate de que los robots ahí fuera no la podrán descifrar fácilmente.

Para los usuarios que acceden a la página, ya sean los administradores, editores, suscriptores, etc, asegúrate de que usan contraseñas, que aunque sean más fáciles que las anteriores, no sean obvias o de una simple palabra corta, lo cual un robot lo podría hackear en segundos.

Checkea tu plantilla

Hay plantillas que podrían tener intereses más allá de la venta de plantillas o módulos y uno típico de ellos es esconder enlaces a su página para ganar popularidad en los ránkings SEO.

Existe un plugin que te checkea la autenticidad y pureza del template o plantilla con un solo clic: TAC Theme.

Una vez lo has checkeado, puedes desactivar el plugin de nuevo, pero cada que decidas instalar una nueva plantilla, asegúrate de pasarle este scan.

Crea copias de seguridad con cierta frecuencia

Yo creo una copia de seguridad al mes de todas mis páginas webs y rara vez las he tenido que usar, pero ya sabemos que es mejor prevenir que curar, ya que si no realizas copias de seguridad, podrías perder todo tu trabajo si un día algo no va bien.

Hay diferentes métodos de hacer backups, tanto de los archivos como de la base de datos. Te muestro ambos así como la alternativa más simple que yo uso, un plugin llamado Duplicator.

Cambia el nombre de usuario

El 70% de usuarios elije "admin" como el nombre de usuario de los administradores, ya que es el mostrado por defecto en WordPress.

Asegúrate de usar un nombre más difícil de adivinar, tampoco vale el nombre de la página o dominio.

Plugin Askimet

Este plugin te permite reducir y filtrar los comentarios SPAM que recibas en la web, mayormente utilizados por robots para conseguir enlaces a sus sitios webs y mejorar su posicionamiento en Google, aunque en estas fechas esto ya no les funcionaría.

Para activarlo deberás registrarte primero gratuitamente en su página web y obtener una API (clave para conectar tu WordPress). Una vez lo tengas, activa el pugin y añade tu clave API y listo.

13. CREACIÓN DE PÁGINAS DE ATERRIZAJE

PÁGINA DE ATERRIZAJE PARA GENERAR MÁS CONVERSIONES

Una página de aterrizaje (o *landing page* en inglés) es donde aterrizarán tus usuarios a tu web una vez cliquen en algún enlace desde el exterior. Este tráfico puede llegar desde diferentes fuentes, como de los resultados de búsqueda, publicidad online, redes sociales u otros.

Las páginas de aterrizaje tratan de captar la atención y enfoque del visitante para que completen una cierta tarea sin distracciones, en lugar de enviarlos a la página web principal la cual ofrece una mejor experiencia de uso, pero alarga el tiempo y proceso de conversión y el usuario podría desviarse de nuestra intención principal que podría ser que compren, rellenen el formulario, pidan cita o te llamen. Acciones que llamaremos "conversiones" y es con lo que mediremos el éxito de nuestra negocio online.

Las páginas de aterrizaje deben tener un mensaje o proposición muy clara, extendiéndose en el valor de un solo producto o servicio. La acción que se espera de los usuarios en ella podría ser comprar productos en una tienda, promocionar tus servicios y que soliciten un presupuesto o descargar una cierta información.

Si muestras la página de aterrizaje a un amigo y no es capaz de identificar lo que pretendes conseguir en 10 segundos, es que algo está mal. Como más específica sean tus páginas de aterrizaje al objetivo de la campaña, mayor será el ratio de conversión.

Normalmente no son buenas posicionándose en buscadores, ya que carecen de contenido comparado a una web entera y tampoco ofrecen una experiencia al usuario completa por lo que no son sustitutas de una buena página web si no que son mayormente usadas para campañas de publicidad, donde la conversión de nuevos usuarios o ventas es clave para justificar la inversión.

Además son mucho más versátiles a cambios que cambiar tu web principal, lo cual te permite estar presente en múltiples idiomas y países rápidamente o testear diferentes versiones mediante herramientas de testeo AB.

Características ganadores de una página de aterrizaje:

Aquí expongo las mejores prácticas en creación de páginas de aterrizaje, aunque ya sabemos que no podrás desarrollar la página perfecta para cada usuario, sino que lo intentarás optimizar para la mayoría:

- La elección bloquea a los usuarios y compradores. Intenta ofrecer una sola opción siempre que puedas, un solo producto, una sola acción que tu cliente deba completar.
- Elimina toda la navegación que puedas: el menú, pestañas, o diferentes páginas al que el usuario podría ir antes de la acción final.
- Elimina los enlaces en logos o textos para evitar que tu cliente se vaya a la web principal u otro dominio.
- Ofrece algo diferente de tu web principal para que los usuarios vean un valor añadido en esa página: una oferta limitada, un código promocional, o un servicio especial.
- No ahorres en detalles sobre el producto que van a comprar: Una cosa es simplificar la página todo lo que puedas, pero otra es eliminar información relevante que los usuarios puedan necesitar y por lo tanto irse a buscarla a otra parte.
- Refleja la marca: Sé fiel a tu diseño, ya que si no se podrían pensar que han ido a una página falsa. Esfuérzate en los colores, logos, tipografía y cualquier cosa que caracterice a tu empresa.

TIPOS DE PÁGINAS DE ATERRIZAJE

A continuación, te categorizo los posibles tipos de páginas de aterrizaje y algunos trucos que no debes olvidar. Mi favorito es el micrositio, pero como todo, vale más que conozcas todas las opciones y decidas según tu caso y propósito:

Una sola página

Puede ser muy completa y todo lo larga (verticalmente) que quieras. Hay ejemplos en las que he visto utilizar el scroll down de una forma muy inteligente enseñando secuencialmente cómo funciona tu producto o servicio y con un mensaje final indicando el siguiente paso para comprarlo (tu objetivo).

Micrositios o microwebs

Estas páginas de aterrizaje consiste en crear una pequeña web de pocas páginas específicamente creada para este propósito. Puede tener un menú de navegación muy simple enlazando esas pocas páginas que contienen diferente información pero debes asegurarte de que el usuario no sale del dominio ni clicando en el logo o en algún enlace.

Los micrositios ofrecen una mejor experiencia de usuario y los visitantes lo asocian de una forma más natural a tu marca y web principal.

Define muy claramente tu objetivo y tenlo presente en cada página de este micrositio. Por ejemplo, si quieres medir número de contactos, deberías tener un pequeño formulario presente en cada página o al menos un botón bien destacado invitando a contactar.

Los micrositios son muy recomendados cuando tu web principal contiene demasiado contenido, o demasiados dominios (o subdominios) y sería muy fácil que los visitantes se distrajeran y al querer abarcar tanta información u opciones deciden dejarlo para más tarde. La paradoja de la elección: cuantas más opciones, más difícil es elegir una.

Web principal

Podrías estar enviando el tráfico a tu web principal siempre que estés haciendo una campaña para promocionar la marca y que mejor escaparate que tu web entera llena de servicios y productos.

También es mejor enviar el tráfico a la web cuando quieres incrementar ventas en tu tienda, pero crear un dominio o página de aterrizaje para cada producto sería inviable.

14. CREA UNA PÁGINA DE ATERRIZAJE EN 25 MINUTOS CON INSTAPAGE

En el primer capítulo te mostraba cómo crear webs completas y profesionales con WordPress, pero para lanzar páginas de aterrizaje podemos usar una herramienta mucho más simple, intuitiva y con un acabado totalmente profesional.

Instapage es una aplicación web basada en el uso de plantillas y su modificación, similar a WordPress, pero de una sola página y la mayoría ya optimizadas para la generación de conversiones con formularios. Además, sin descuidar la experiencia de la página en dispositivos móviles ya que todas las plantillas que se ofrecen ya son adaptables a cualquier tamaño de pantalla.

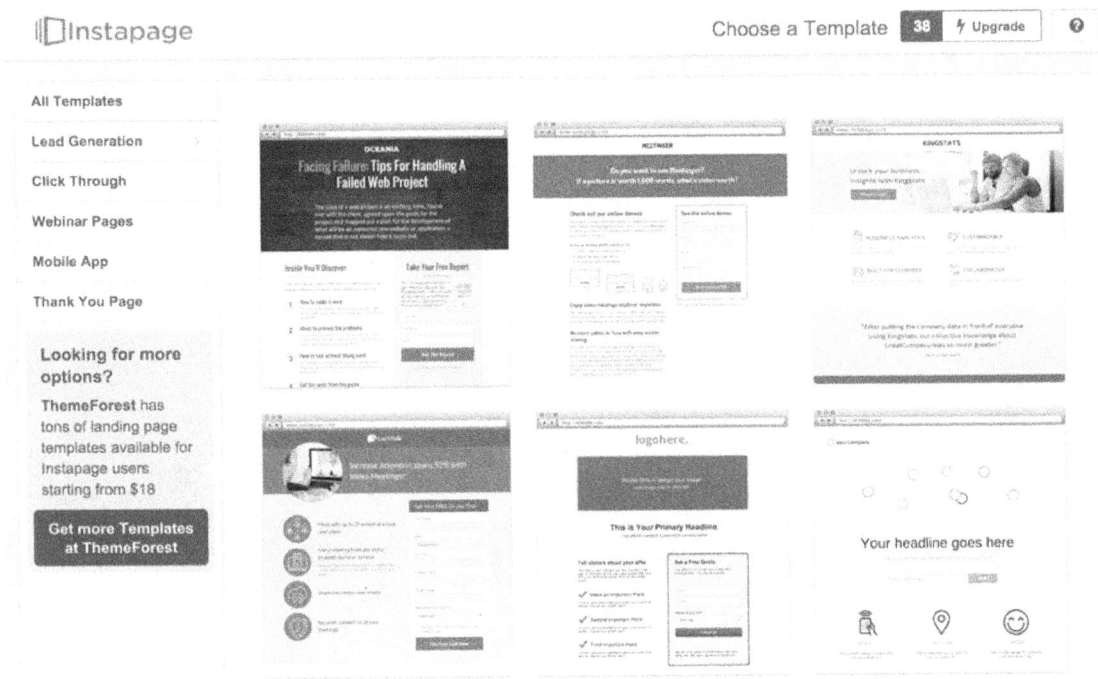

Vamos a crear una *landing page* en 5 pasos:

1. Regístrate y elige una plantilla

Accede a Instapage.com y créate una cuenta rápidamente. Ahora ya solo tienes que elegir una plantilla de las gratuitas mostradas en la web o puedes subir otras más elaboradas y de pago desde ese mismo portal o de donde mirábamos plantillas para WordPress (themeforest.com).

Verás que en el apartado "landing pages" hay una subcategoría que se llama Instapage y ahí encontrarás cientos de diseños.

Selecciona la plantilla con la estructura de contenido que te gustaría más y que te evitará el mayor número de modificaciones. Fíjate en las posiciones de las imágenes, logo, formulario, texto, video, etc. Aunque cada plantilla es totalmente adaptable y personalizable y podrás crear, mover y deshacer cualquier elemento de los que ves.

2. Edita y personaliza la plantilla

Estoy seguro que pillarás el truco muy rápido, ya que es un editor muy intuitivo. Selecciona los elementos (como un párrafo de texto) y haz un clic para que te muestre el menú de edición de ese elemento.

También verás que el cursor del ratón cambia cuando estás en las líneas de las secciones (divisiones horizontales de la plantilla) permitiéndote reducir o aumentar espacios en blanco entre las secciones de la página.

Para añadir una sección nueva completa puedes hacerlo clicando en la pestaña de *Add* de arriba, el cual también te permite añadir otros elementos como un formulario, imágenes, videos, una cuenta atrás, mapa o incluso espacio para introducir código HTML entre otras funciones.

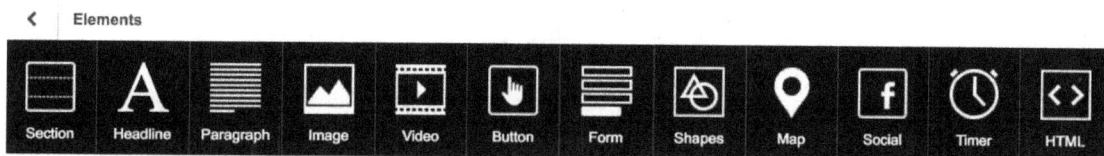

3. Conecta tu formulario a tu sistema de envío y gestión de emails

Una vez hayas pasado algún tiempo editando el contenido, el siguiente paso importante será la integración del formulario, pieza básica de tu sistema de conversión, con tu sistema de gestión de emails que te permita un posterior marketing mandando emails a los correos que recolectaste.

Los mejores servidores para capturar un listado de emails y posterior manejo son MailChimp o CampaignMonitor, aunque podrás encontrar algunos otros.

MailChimp Zapier Constant Con. GetResponse Salesforce WebHooks E-goi Infusionsoft Mad Mimi Zoho CRM GoToWebinar ActiveCampaign Camp. Monitor

Para integrar el formulario al sistema tan solo clica en él y pon editar.

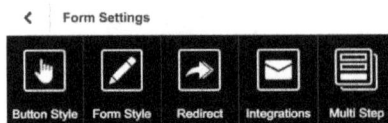

< | Form Settings

Button Style Form Style Redirect Integrations Multi Step

4. Revisa y ajusta la versión móvil

Cuando hayas terminado tu diseño para ordenadores, será el momento de simularlo también para los dispositivos móviles.

Ves al menú clicando en el editor superior donde pone "desktop" y selecciona "móvil". Cargará todo el contenido en modo vertical y simulará la experiencia que los usuarios tendrán en sus smartphones, incluso moviendo la página con el dedo.

Desde aquí, además de editar cada sección como antes también podrás ocultar completamente secciones u objetos que no son tan relevantes en el móvil o simplemente quieres hacerlo todo un poco más visual, sencillo y rápido, ya que tus usuarios navegando desde el móvil están en otras condiciones que debes recordar al optimizar tu página de aterrizaje a estos dispositivos:

- La mayoría de personas que navega desde el móvil están en movimiento o con un tiempo de atención más limitado ya que podrían estar haciendo otras cosas a la vez, por lo que tienes que ser mucho más directo y mostrar solo lo imprescindible.
- Muchos navegan a través de conexiones de datos limitadas y el tamaño de descarga de la página influirá en su navegación, por lo que procura que sea ligera sin grandes imágenes que ralentice su experiencia.
- El tamaño de la pantalla es una condición obvia, pero muchos webmasters lo olvidan.
- Recuerda que todas las imágenes que muestras se verán pequeñitas, por lo que quieres evitar que contengan mucho detalle. El tamaño de la fuente debe ser suficientemente grande para que lo lean con facilidad incluso moviéndose, pero no enorme ya que solo se verán pocas palabras en la pantalla y requerirá mucho desplazamiento vertical.

5. Lánzala como quieras

Una vez hayas finalizado tu página y estés listo para lanzarla, tendrás las siguientes opciones clicando en la esquina superior derecha *Publish* (publicar) organizadas por mi orden de preferencia:

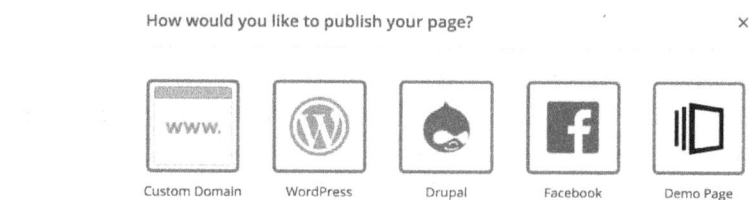

How would you like to publish your page?   ×

Custom Domain   WordPress   Drupal   Facebook   Demo Page

- Intégrala en tu web de WordPress

Si esta página va a pertenecer a un proyecto mayor, que sería lo habitual y ya has seguido los pasos de los capítulos anteriores sobre crear una página con WordPress, entonces está opción te resultará una solución muy fácil.

No tendrás que hacer nada más que ir a tu WordPress y bajarte el plugin de "Instapage" e iniciar tu sesión en el plugin.

Inmediatamente te aparecerán los proyectos creados en tu Instapage y seleccionarás el que quieres publicar, incluso eligiendo la dirección de URL en la que quieres que se encuentre bajo tu propio dominio.

- Dominio personalizado

Si eliges esta opción porque no tienes WordPress y además no quieres que tu página esté con un dominio de Instapage, puedes elegir esta opción. Obtendrás las direcciones de dominio DNS, las cuales deberás configurar en tu proveedor de dominio, como también te mostré anteriormente.

Obviamente esto requiere tener en tu propiedad el dominio al que quieres dirigir a los usuarios.

- Dejarlo en el dominio de Instapage (Demopage)

Si tampoco estás muy interesado en su resultado profesional y vas limitado de tiempo o dinero, siempre te quedará la opción de alojarla en el propio dominio de Instapage.

15. SHOPIFY COMO ALTERNATIVA A WORDPRESS PARA CREAR UNA TIENDA ONLINE

Si has seguido todos los pasos para crear una web con WordPress probablemente ya hayas elegido una plantilla que es una tienda electrónica y el 90% de tiendas en WordPress vienen con un plugin gratuito llamado Woocommerce, que si no lo lleva por defecto también puedes descargártelo e instalártelo en pocos segundos.

Pero si tuviste problemas con la compra del alojamiento, dominio, descargar WordPress o con la instalación de la web, lo primero que quiero es pedirte disculpas y decirte que intentaré mejorar la próxima edición del libro, y lo segundo, que no te desanimes ¡ya que tenemos un plan B!

VENTAJAS DE SHOPIFY

La herramienta Shopify es un concepto diferente a las webs que hemos visto hasta ahora. Consiste en una suscripción mensual a la aplicación (con diferentes modelos de precios desde $29 a $299 al mes) que te permitirá tener una tienda online lista para vender en horas.

Aquí enumero algunas de sus ventajas, estoy seguro de que te parecerá una opción muy válida:

- No necesitas comprar alojamiento. Shopify está alojada en sus propios servidores por lo que te ahorras algunos dólares y otros dolores de cabeza como configuración de hostings, proveedores, niveles de encriptación o seguridad en los pagos.
- Continuamente actualizada. Siempre tendrás la última versión del software y está incluido en el precio.
- Un montón de plantillas al igual que WordPress, con diseños muy modernos y adaptables a todo tipo de pantallas.
- Optimizadas para SEO. Podrás editar en todos los productos sus títulos, descripciones, URLs y otros parámetros totalmente adaptables a tu estrategia de posicionamiento orgánico.
- Una plataforma muy rápida en cargar, ya que los recursos de los que disponen los servidores de Shopify son mucho mayores que los que ninguno de nosotros podríamos tener.
- Muchos plugins disponibles para aumentar las capacidades y aplicaciones de tu tienda.
- Todo el sistema de gestión de stock, pagos seguros online, informes y repartos integrados desde el primer minuto.

- Diferentes opciones de publicar tu web o como ellos lo llaman, canales de distribución. Lo interesante es que tener un dominio para la web es un canal, el que damos por hecho, pero Shopify también te permite vender en tu página de Facebook, lo que podría ser muy interesante si tienes muchos seguidores en tu red social.

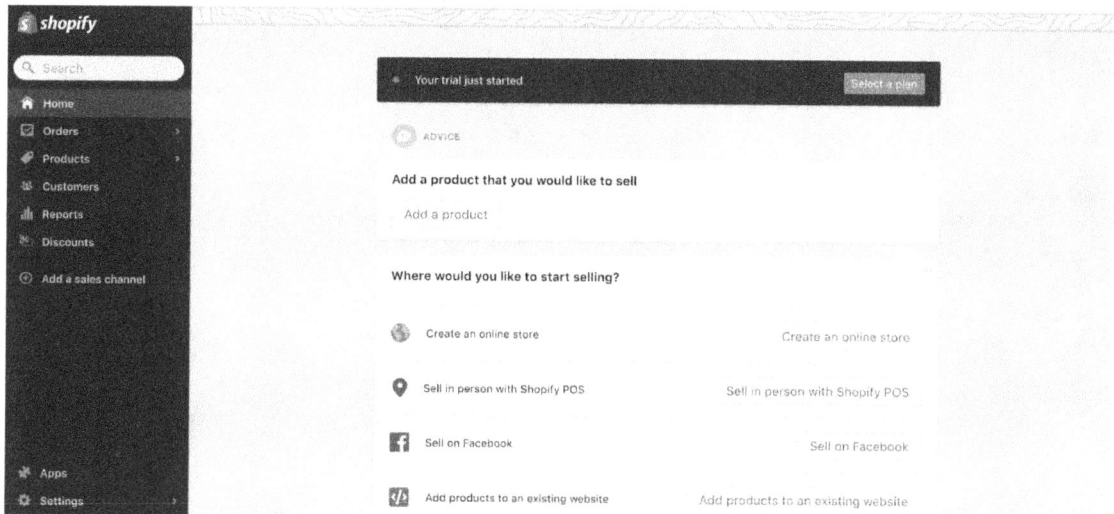

CREA LA TIENDA

Te puedes registrar gratis con su versión de prueba para ver cómo de fácil es configurar y preparar tu stock de productos para vender online, aunque no podrás lanzar la tienda hasta que pagues la suscripción.

Podrás registrarte en dos pasos muy simples introduciendo tu información principal y una vez dentro, podrás acabar de configurar los factores más cruciales para el buen funcionamiento de la tienda, como los pagos online, tasas o IVA que quieres incluir a los productos, stock, a qué países quieres repartir, entre muchas otras opciones.

Empieza a crear tu inventario añadiendo nuevos productos, tal como te muestro en el siguiente ejemplo. Verás una amplia posibilidad de añadir características (como colores o tallas de una camiseta), duplicar productos para simplificar tu trabajo, seleccionar categorías para que los clientes filtren por grupo de productos.

Con un poco de práctica te convertirás en un profesional de Shopify y podrás crear informes para ver el rendimiento de tu tienda.

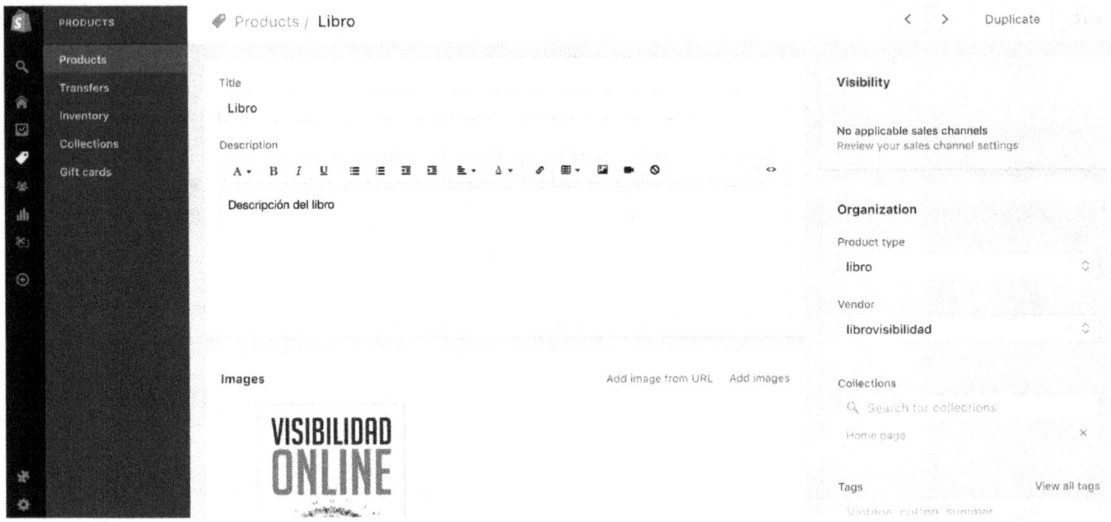

FASE 3

SEO - POSICIONAMIENTO ORGÁNICO EN GOOGLE

16. SEO: VISIBILIDAD GRATUITA EN GOOGLE

El posicionamiento orgánico en Google consiste en optimizar tu página web para que figure entre los primeros resultados de una búsqueda determinada. También se le conoce como SEO, por las siglas en inglés de *Search Engine Optimization*.

Los resultados orgánicos son los primeros en aparecer tras los resultados de pago o anuncios, los cuales constituyen la principal fuente de ingresos de Google.

Los resultados orgánicos no se pueden comprar. Google sigue fiel a su promesa: ofrecer las mejores respuestas posibles de la red, en orden de relevancia.

En el libro, encontrarás muchas referencias a Google; aunque la mayoría también se aplica a otros buscadores, como Bing, Yahoo!, Yandex o Baidu.

Así que, cuando hablamos de SEO, hablamos de oportunismo. Es la rapidez para mostrar la floristería en la cara de quien quiere flores. Luego, si tus ramos son los más elaborados o variados, es otro asunto. Sea o no el caso, tú serás su primera opción. Y antes de que vea ninguna otra, te podrás asegurar de que te compre flores, jarrones, macetas y se subscriba a tus últimas ofertas. (En la *Fase 5: Usabilidad y Experiencia de Usuario*, analizaremos algunos trucos para que el usuario compre más y mejor).

Desde el momento en que un usuario introduce una búsqueda en Google, ya es un cliente potencial con actitud intencional. Es él quien pregunta por el producto. No nosotros, tratando de venderle cualquier cosa por la que no muestra interés. Estar presente en esos primeros resultados en Google es incluso más importante y decisivo para la venta, que el diseño gráfico de tu web. Porque de nada sirve tener la web más cara, bonita y con más funcionalidades, si nadie aterriza en ella.

Además, no es lo mismo aparecer en el primer lugar que en el segundo o el tercero. En cada posición inferior decrece exponencialmente el porcentaje de clics. Así que, si ante ciertas búsquedas muy relevantes, tu negocio web aparece a partir de la quinta posición, o incluso en otras páginas de los resultados (ya que cada página de Google muestra, por defecto, solo 10 resultados), tu tráfico será muy bajo o igual a cero.

Google es tan grande, usado y valioso por una simple razón: ofrece 10 resultados por búsqueda, mejor que nadie. Y tu negocio podría estar entre ellos. Solo tienes que convencer a Google de que eres una buena opción.

Los factores que los algoritmos de los buscadores tienen en cuenta son:

- Palabras clave introducidas en la búsqueda y lo que pueden significar (por su semántica). ¿Qué busca?
- Ubicación del usuario. ¿Dónde está?
- Dispositivo con el que realiza la búsqueda. ¿Desde dónde busca?
- Historial anterior de búsquedas y navegación. ¿Quién es?
- Lenguaje configurado en el ordenador / navegador.
- *Cookies* de otras webs instaladas en el navegador.
- Correos electrónicos de Gmail.
- Páginas que el usuario sigue en redes sociales.
- Y muchos otros...

A continuación, mostramos diferentes secciones de los resultados de búsqueda con las que tienes que empezar a familiarizarte:

RESULTADOS DE PAGO VS RESULTADOS ORGÁNICOS

Google o cualquier otra plataforma digital te mostrará un pequeño símbolo, o la palabra *anuncio*, cuando te ofrezca un resultado pagado por una empresa, a modo de publicidad. Así se conserva la transparencia de cara al usuario.

Como vemos en la imagen, Google (al igual que Bing y otros motores de búsqueda) reserva las primeras posiciones para sus anuncios. Las empresas anunciantes pagan por estar allí. En la *Fase 4: Publicidad Online*, te explicaré las mejores técnicas y estrategias, los costes y las diferentes características de los anuncios en Google, para que tú también puedas comprar esas posiciones.

Verás que estos anuncios muestran un pequeño indicador verde con la palabra 'Anuncio' o 'ad', en los primeros resultados. Pueden ser 3 o 4 anuncios por encima de los resultados orgánicos, según qué tan comercial sea la búsqueda, y otros 2 o 3 abajo, al final de la página.

Google   buy cars

Totes   Maps   Shopping   Imatges   Vídeos   Més ▼   Eines de cerca

Aproximadament 371.000.000 resultats (0,63 segons)

Quality Used Cars & Cheap - availableCAR.com
Anunci www.availablecar.com/ ▼
5000 Cheap Cars £3-23,000 HP 7.9% Representative APR No Deposit Reqr
Price Promise - BMW offers - Honda Cars - Save on Volvo
♀ Station Road, Derby - 0800 996 1280 - Tanca aviat · 9:00 – 20:00 ▼

Find used cars for sale on Auto Trader | Auto Trader UK
Anunci www.autotrader.co.uk/used-cars ▼
With More Cars Than Anywhere Else, Buying One Has Never Been Easier!
Search By Make and Model · Locate A Dealer Near You
Used Cars For Sale - Find a Dealer

Buy With ŠKODA Finance - skoda.co.uk
Anunci www.skoda.co.uk/finance-offers ▼
Finance offers available on selected models. Find out more.
Request a Test Drive - Find a Local Retailer - Request a brochure

Nissan™ New Cars - Choose your perfect Nissan online
Anunci www.nissan.co.uk/new_car ▼
Find your nearest dealer today!
♀ Sir Frank Whittle Road, Derby - 01332 375360

Anuncios

Auto Trader UK - New & used cars for sale
www.autotrader.co.uk/ ▼ Tradueix aquesta pàgina
Search for your next car with Auto Trader UK (incl Northern Ireland), the #1 site to buy
and sell new and used cars with over 400000 cars online.

Primer resultado orgánico

Find used cars for sale on Auto Trader | Auto Trader UK
www.autotrader.co.uk/used-cars ▼ Tradueix aquesta pàgina
Set your budget. Find out which finance options are available to you so you can buy it as

El ejemplo anterior es muy claro. No puedes ignorar en Google la inversión en publicidad *online*, que explico en la *Fase 4*. Como ves, aunque inviertas mucho esfuerzo en optimizar tu página, en términos de SEO, y aun logrando el primer resultado orgánico de Google, en realidad serás el quinto en su lista general. Y si miras los resultados en un móvil, verás que tienes que desplazar la pantalla hacia abajo con el dedo, para ver más allá de los anuncios.

Los anuncios constituyen la principal fuente de ingresos de Google. Pero, debido al creciente uso de bloqueadores de anuncios, estos ingresos pudieron verse afectados. Así que esta estrategia para captar recursos pasó a ser mucho más agresiva desde 2016, cuando se realizaron los siguientes cambios:

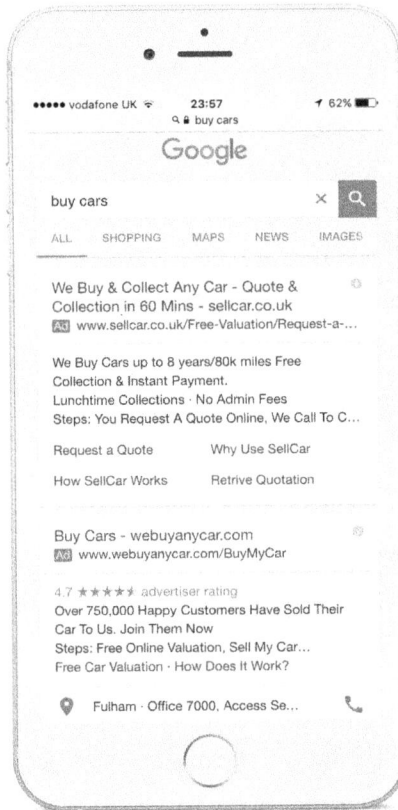

-   Ya no hay anuncios a la derecha, así que las posiciones de puja se reducen a 4, y el espacio que queda es mucho más competitivo.
-   Los títulos de los anuncios ya no deben contener solo 25 caracteres (cortitos). Se pueden extender y parecerse cada vez más a los resultados de SEO, aumentando con ello el número de clics recibidos.
-   La etiqueta se muestra en verde, con lo cual se camufla mejor como un resultado orgánico.

Recientes encuestas de Google demostraron que la mayoría de los usuarios ya no sabe en qué tipo de resultado hace clic. No distinguen cuándo se trata de un anuncio. Así que están consiguiendo su objetivo: aquellos usuarios que eran más reacios a seguir anuncios ya no los identifican como tales. ¿Y qué significa esto? Pues, ¡más dinero para Google!

Pero, incluso considerando este nuevo escenario, las optimizaciones técnicas o de experiencia que determinan tu posicionamiento gratuito en Google siguen siendo muy importantes.

Aún puedes ser el número 1 para los usuarios con bloqueadores de anuncios, estarás ofreciendo una mejor web a tus visitantes y te beneficiarás cuando quieras emprender campañas de publicidad. Cuanto más optimizada esté tu página, menos te cobrará Google por cada clic, durante tus campañas *online*.

Aquí aprenderemos a optimizar la web y en la *Fase 6* encontrarás herramientas para auditar y analizar qué tan bien optimizada está.

17. OPTIMIZACIÓN SEO PARA TU WEB

Estar posicionado en Google equivale a estar posicionado en tu industria, contra competidores que ofrecen productos o servicios similares en la misma región geográfica.

Es una realidad estadística que más usuarios entrarán a tu web que a tu tienda o negocio físico. Entonces, ¿por qué tantos empresarios ignoran por completo su presencia *online*?

Tu posicionamiento en Google determinará tu factor de visibilidad o, como algunos lo llaman, 'encontrabilidad'. Se trata de cuán fácil le resulta a tus potenciales clientes hallar tu negocio.

A continuación, enumero las optimizaciones SEO más importantes y fáciles de implementar en tu web, para empezar a mejorar tu posición frente a la competencia. Por supuesto, unas son más importantes que otras.

Esta es la lista de optimización para tu página, que enseguida explicaré con más detalle:

- Títulos y descripciones: Longitudes y mensajes
- Cabeceras y estructura web (h1, h2, h3...)
- Archivos *robots.txt* y *sitemaps.xml*
- Optimización de enlaces URL
- Tiempo de carga de las páginas
- Optimización de imágenes y vídeos
- Creación de contenido único y relevante
- Localización de tu web
- Porcentaje de rebote (*bounce rate*)
- Adaptación a móviles
- Sistema de enlaces (*link building*)

TÍTULOS Y DESCRIPCIONES DE CADA PÁGINA

Crear títulos y descripciones en tu página web es un paso básico, pero muy importante. Estos datos se muestran en Google, cuando tu enlace aparece entre sus resultados. El título en azul y la descripción en negro, como vemos en los siguientes dos ejemplos:

Título ———— Perfumes Club: Perfumes y Colonias Online - Cosméticos ...
www.**perfumes**club.com/ ▾
Colonias y **perfumes** originales, cosméticos online, tratamientos de belleza.... todo esto
y mucho más lo encontrarás en **Perfumes** Club, tu **perfumería** online.
Perfumes de Mujer - Cosmética - Mujer - Marcas
————— Enlaces de sitio

Palabras de la
búsqueda en
negrita

Perfumes - Compra perfumes en la mayor perfumería online
www.bodybell.com/**perfumes** ▾
Perfumes y cosmética de todas las marcas en **perfumería** Bodybell online. Amplio
catálogo en **perfumes** de hombre y de mujer. ————— Descripción

Cada página, incluidas la página de inicio o *home page*, la de contacto y la de cada producto y publicación, básicamente todo lo que Google tiene indexado (rastreado) de tu web, debería tener un título y una descripción particulares.

Estas líneas son las primeras que los usuarios verán, incluso antes de entrar a tu tienda. Son tu cartel, tu puerta y tu fachada, lo que tus potenciales clientes leerán y por lo que primero te compararán con tu competencia. ¿Por qué van a hacer clic en tu resultado antes que en otro? Tienes 3 segundos para que lean tu título. Convéncelos.

Los títulos y descripciones ideales

Longitudes: Si son muy largos, Google los cortará, como en el ejemplo de los perfumes. Y si no existen o son muy cortos, los generará automáticamente, según el contenido de la web.

Los títulos no deberían superar los 60 caracteres o 512 píxeles. Y las descripciones, los 160 caracteres o 920 píxeles.

Google establece un número máximo de píxeles, además del de caracteres, porque el mismo número de letras puede ocupar distinto espacio (o píxeles) en los resultados. Para ilustrar esta diferencia, veamos un ejemplo con dos títulos casi iguales, excepto por la introducción de un plural y algunas mayúsculas:

<u>Libro sobre negocios online</u> (width: 196px)
<u>Libros Sobre Negocios Online</u> (width: 213px)

Para medir los píxeles de tus títulos, puedes usar esta herramienta *online*:
http://www.webshoptimizer.com/page-title-pixel-meter/

Mensajes en títulos y descripciones

A no ser que seas dueño de una marca reconocida, no malgastes caracteres repitiendo tu dominio o incluyendo la marca. Esto no añadirá valor para nadie.

Lo importante es que utilices el título para representar el contenido de tu página en la guerra de resultados. No se trata solo de la *home*. Cada página debe ser poderosa y permitir que el usuario anticipe su contenido. Si no, lo estarás engañando.

Si tu página es sobre la receta de una salsa, pregúntate con qué palabras los usuarios podrían buscar su contenido en Google. Luego, intenta utilizar una combinación de esas palabras, tan cerca como puedas del inicio de tu título. Recuerda que Google muestra en negritas las palabras del título y la descripción que coincidan con las que se introdujeron en la búsqueda.

Si tuvieras una página sobre recetas de pato, por ejemplo, estos serían algunos posibles títulos:

Mal ejemplo:

Recetas de Pato
www.recetasgratis.net/Pato-busqCate-1.html ·
Las mejores recetas de Pato. ¡Magret de pato en todas sus formas! El pato, que forma
parte de muchas recetas tradicionales asiáticas, se cocina de muchas ...

Título optimizado:

Mejores Recetas para Cocinar Pato Asado, a la Naranja o Confitado
www.recetasgratis.net/Pato-busqCate-1.html ·
Recetas de Magret de pato a la naranja, Pato a la naranja, Pato asado a la naranja y
soja, Pato confitado al aroma de canela y naranja y muchas más.

Una vez que hayas decidido el título, utiliza la descripción para abordar más detalles. Siempre refiriéndote a lo que los usuarios encontrarán en tu página. Hazlo siguiendo el mismo principio, intentando utilizar palabras clave (en términos de búsqueda).

Para cambiar estos parámetros en tu web, solo tienes que descargar un *plugin* para WordPress, con el que podrás editar fácilmente el título y la descripción de cada página. Dos opciones son *All in One SEO* y *Yoast*, ambos compatibles con diferentes idiomas, si los usas en combinación con el plugin WPML.

CABECERAS DE CADA PÁGINA: H1, H2, H3...

Las cabeceras (o *headings*, en inglés) ordenan los contenidos de tu página estableciendo una jerarquía. Son importantes, porque no todas las frases son igual de relevantes y así se evidenciará con el diseño y el uso de etiquetas HTML, como H1, H2, H3, H4, H5 y H6.

Imagina un periódico en el que tienes una noticia con un titular bien grande. Ese es el *heading 1* o H1. Después, tienes varios subtítulos y un sumario. Estas piezas de contenido corresponderían a un *heading 2* o H2, y así sucesivamente.

La estructura debería ser piramidal y lógica. Es decir, la cabecera más importante ha de ser también la menos numerosa. Lo ideal para una página es tener un H1, algunos H2 y más H3... Hasta H6, si tiene mucho contenido. Pero no tengas 3 cabeceras H1 y una H3. Eso no tendría sentido para los robots de Google.

Para convertir un titular en una cabecera H1, solo necesitas seleccionarlo en tu editor de WordPress y hacer clic sobre la opción de formato H1.

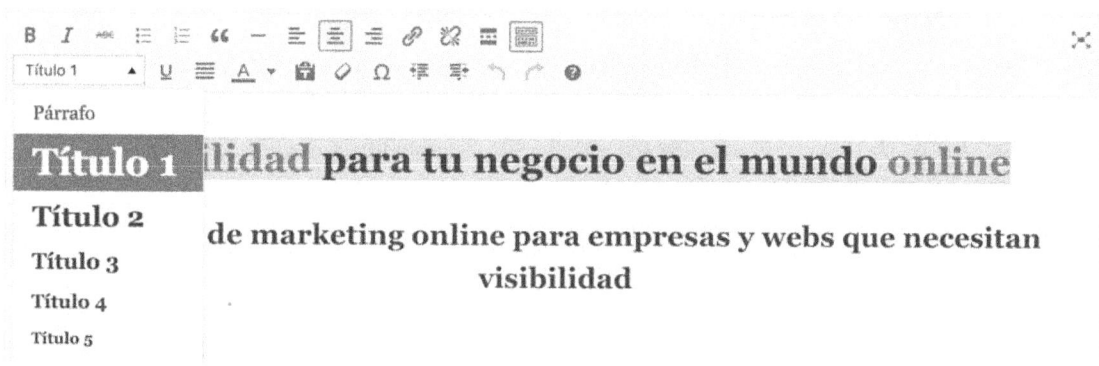

Podrás comprobar la estructura de cualquier página con herramientas *online* o extensiones de Google Chrome, como *Web Developer*. O con otras webs, como:
http://www.seoreviewtools.com/html-headings-checker/

A continuación, te muestro una estructura de cabeceras bien concebida para una página web:

http://visibilidad.online/

⊟ 27 headings

⟨h1⟩ Visibilidad para tu negocio en el mundo online

⟨h2⟩ Servicios de marketing online para empresas y webs que necesitan visibilidad

⟨h3⟩ (Missing heading)

⟨h4⟩ Posicionamiento SEO
⟨h4⟩ Anuncios Online
⟨h4⟩ Tiendas Online
⟨h4⟩ Social Marketing
⟨h4⟩ Análisis de su tráfico
⟨h4⟩ Diseño Web
⟨h4⟩ Desarrollo Web
⟨h4⟩ Consultoría y Enseñanza Digital
⟨h4⟩ Personalizado
⟨h4⟩ Pack Todo

ARCHIVOS PARA BUSCADORES: ROBOTS.TXT Y SITEMAP.XML

Cuando desarrolles tu página web, considera la inclusión de estos dos archivos como un paso fundamental. Son fáciles de crear pero es importante saber qué hacen, para evitar errores. Tanto *robots.txt* como *sitemap.xml* son leídos por los robots de todos los motores de búsqueda, que obtienen información acerca de lo que pueden o no escanear en tu web (*robots*) y de la estructura de páginas de tu sitio (*sitemap*).

Uno de los plugins de WordPress que presenté en la fase anterior está diseñado para crear automáticamente estos dos archivos, pero es bueno que conozcas sus funcionalidades y sepas crearlos o editarlos manualmente, si así lo requieres.

Robots.txt

Este archivo, que puede contener muy pocas líneas de código, debe estar alojado en la carpeta raíz de tu sitio web. Por ejemplo: mipagina.com/robots.txt Es el timbre al que llaman los motores de búsqueda, para ver si tienen permiso de escanear tu web y saber qué hay en ella, de modo que luego puedan ofrecer tu web entre sus resultados de búsqueda. Obviamente, queremos autorizar a los robots a escanear nuestra página. Así lo tiene que reflejar el código de este archivo.

Para crear el archivo *Robots.txt*, no tienes más que crear un nuevo archivo de texto (.TXT) y añadir las líneas de texto que quieras, como te muestro más abajo. Guárdalo con el nombre robots.txt y súbelo a la carpeta raíz de tu página web vía FTP (mipagina.com/robots.txt).

A continuación, te mostraré algunos ejemplos en los que verás un uso un poco más complejo de este archivo, autorizando solo a robots específicos (por ejemplo, permitir a Google y bloquear a Yahoo!) o dar acceso general y bloquear ciertas carpetas; como la wp-admin, en la que Google no debería encontrar nada relevante.

Ejemplo de un robot.txt que permite todo el acceso:

```
User-agent: *
Disallow:          (o Allow: /)
```

User-agent determina los robots a los que se dirigen las siguientes instrucciones. El asterisco (*) indica que son válidas para todos los robots.

Allow (permitir) o la negativa *Disallow* (no permitir) son instrucciones que, usadas correctamente, indican a continuación todo (/) o nada ( ). Como habrás notado, permitir-todo y bloquear-nada significan lo mismo. El ejemplo anterior es un caso minimalista de permitir-todo.

Este otro es un ejemplo de robot.txt que bloquea el acceso al motor de búsqueda Bing a tu carpeta imágenes, excepto al logo guardado en una carpeta específica:

```
User-agent: Bingbot
Disallow: /images/
Allow: /images/logo.png
```

También puedes utilizar el asterisco (*) para indicar cualquier combinación de nombres o archivos. Veámoslo en este otro ejemplo, de un robot.txt que bloquea el acceso a todas las carpetas que empiecen por wp-, como wp-admin, wp-content y wp-includes:

```
User-agent: *
Disallow: /wp-*/
```

Lo mismo se puede hacer con todos los archivos de un mismo tipo. Por ejemplo, PDF:

```
Disallow: *.pdf
```

O con subcarpetas contenidas en una misma ubicación, cualquiera sea su nombre:

```
Disallow: /wp-content/uploads/*/*/holiday*.jpg
```

Finalmente, también se puede utilizar el archivo robots.txt para indicarle a Google dónde encontrar el sitemap.xml (archivo que explicamos a continuación):

```
Sitemap: http://www.miweb.com/sitemap.xml
```

Sitemap.xml

Una vez que el motor de búsqueda ha tocado la puerta y robots.txt le ha autorizado a entrar, sitemap.xml se presenta como el menú del restaurante. El sitemap contiene un listado de todas las diferentes URL o páginas de tu web, cada una con un porcentaje de prioridad asignado, expresado entre los valores 0 y 1, además de una guía sobre cada cuánto tiempo es actualizado su contenido.

This XML file does not appear to have any style information associated with it. The document tree is shown below.

```
▼<sitemapindex xmlns="http://www.sitemaps.org/schemas/sitemap/0.9">
  ▼<sitemap>
      <loc>http://www.eltenedor.es/brand-2-cities.xml.gz</loc>
      <lastmod>2015-09-14</lastmod>
    </sitemap>
  ▼<sitemap>
      <loc>http://www.eltenedor.es/brand-2-multitag.xml.gz</loc>
      <lastmod>2015-09-14</lastmod>
    </sitemap>
  ▼<sitemap>
      <loc>http://www.eltenedor.es/brand-2-rewritten.xml.gz</loc>
      <lastmod>2015-09-14</lastmod>
    </sitemap>
  ▼<sitemap>
      <loc>http://www.eltenedor.es/brand-2-restaurants.xml.gz</loc>
      <lastmod>2015-09-14</lastmod>
    </sitemap>
</sitemapindex>
```

USO CORRECTO DE URL

WordPress te permite editar la dirección *online* de cada página, su URL. Por defecto, normalmente te asigna como URL el título que le diste a cada página. Pero si esta URL no es de tu preferencia o no se ajusta a las mejores prácticas que encontrarás en los próximos párrafos, puedes cambiarla.

Debajo del título de la página, observarás el enlace permanente que tendrá esa página y el botón *Editar*, para que cambies el nombre si lo consideras necesario.

Como deja ver este ejemplo, la estructura de la URL será muy importante. Esta debería corresponder a la estructura del menú principal de navegación de tu web, con el fin de incluir más palabras relevantes en la dirección.

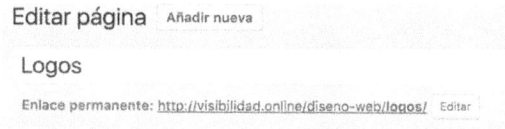

Editar página Añadir nueva

Logos

Enlace permanente: http://visibilidad.online/diseno-web/logos/ Editar

En este caso, estoy ayudando a la página de logos a posicionarse en búsquedas relacionadas con logos, pero también en otras relacionadas con el diseño de páginas web.

Evita enlaces muy largos. Y elimina preposiciones o cualquier símbolo o número que no añada valor. Intenta tener URL únicas, usando sinónimos u otras palabras que los usuarios podrían utilizar en sus búsquedas.

TIEMPO DE CARGA DE TU WEB

No hace falta explicarte cuán importante es tener una página que cargue rápido. Hoy en día, cuando apenas tenemos tiempo para navegar, la evaluación y la comparación entre webs se miden en milisegundos.

Una vez que has conseguido el clic de un usuario de Google, no puedes hacerle esperar más de un par de segundos para mostrarle tu página completa. Cuando navegue por ella, observando diferentes productos, cada segundo que tarde en cargar una página será un segundo en el que se preguntará si seguir allí.

El tiempo de carga es aun más crítico cuando los usuarios navegan desde sus dispositivos móviles. Probablemente estarán ellos mismos en movimiento, así que los márgenes de reacción, visión y paciencia serán mucho menores que los de alguien frente a un ordenador.

Diferentes estudios y mediciones estadísticas demuestran que 1 segundo de retraso en la carga de una página web produce una disminución de 7% en la ratio de conversión. Y esta merma se traduce, desde luego, en oportunidades de venta perdidas.

¿Cuánto tarda tu página en cargar?

Lo primero que debes hacer es medir el tiempo de carga de tu página. Existen diferentes herramientas gratuitas para hacerlo. Una es Pingdom tools: http://tools.pingdom.com/fpt/

Con la cascada de tiempos, podrás identificar qué elementos de tu página consumen más tiempo antes de ser cargados. Por ejemplo, sabrás qué imágenes son muy pesadas y necesitan ser optimizadas, qué elementos de la plantilla están rotos o si el último *plugin* que has instalado está generando mucho retraso.

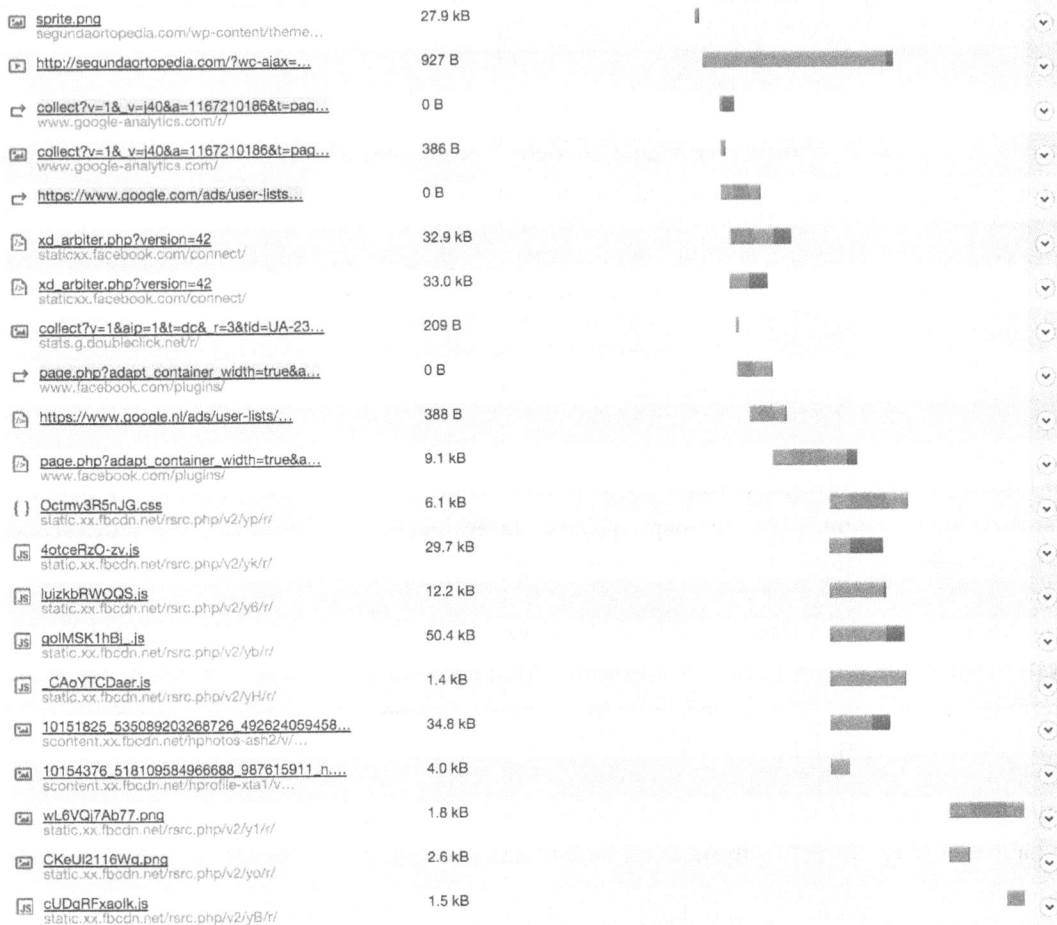

sprite.png segundaortopedia.com/wp-content/theme...	27.9 kB	
http://segundaortopedia.com/?wc-ajax=...	927 B	
collect?v=1&_v=j40&a=1167210186&t=pag... www.google-analytics.com/r/	0 B	
collect?v=1&_v=j40&a=1167210186&t=pag... www.google-analytics.com/	386 B	
https://www.google.com/ads/user-lists...	0 B	
xd_arbiter.php?version=42 staticxx.facebook.com/connect/	32.9 kB	
xd_arbiter.php?version=42 staticxx.facebook.com/connect/	33.0 kB	
collect?v=1&aip=1&t=dc&_r=3&tid=UA-23... stats.g.doubleclick.net/r/	209 B	
page.php?adapt_container_width=true&a... www.facebook.com/plugins/	0 B	
https://www.google.nl/ads/user-lists/...	388 B	
page.php?adapt_container_width=true&a... www.facebook.com/plugins/	9.1 kB	
Octmy3R5nJG.css static.xx.fbcdn.net/rsrc.php/v2/yp/r/	6.1 kB	
4otceRzO-zv.js static.xx.fbcdn.net/rsrc.php/v2/yk/r/	29.7 kB	
IuizkbRWOQS.js static.xx.fbcdn.net/rsrc.php/v2/y6/r/	12.2 kB	
goIMSK1hBj_.js static.xx.fbcdn.net/rsrc.php/v2/yb/r/	50.4 kB	
_CAoYTCDaer.js static.xx.fbcdn.net/rsrc.php/v2/yH/r/	1.4 kB	
10151825_535089203268726_492624059458... scontent.xx.fbcdn.net/hphotos-ash2/v/	34.8 kB	
10154376_518109584966688_987615911_n.... scontent.xx.fbcdn.net/hprofile-xta1/v...	4.0 kB	
wL6VQj7Ab77.png static.xx.fbcdn.net/rsrc.php/v2/y1/r/	1.8 kB	
CKeUl2116Wg.png static.xx.fbcdn.net/rsrc.php/v2/yo/r/	2.6 kB	
cUDgRFxaolk.js static.xx.fbcdn.net/rsrc.php/v2/yB/r/	1.5 kB	

Otra herramienta que te ofrece el tiempo de carga es Google Page Speed: https://developers.google.com/speed/pagespeed/insights/

Esta es una herramienta similar, pero compara por separado las cargas en móviles y ordenadores, mostrándote por defecto el tiempo de carga en móvil. Esta es una pista de Google que debes interpretar: ¡El tiempo de carga en móviles es vital!

Esta opción te guía pero, en lugar de mostrar el desempeño de cada elemento por separado, los agrupa y te brinda recomendaciones. Por ejemplo: "reduce el tamaño de las imágenes para cargar esta página un 35% más rápido".

Las mejores técnicas para aumentar la velocidad de carga

1. Un servidor dedicado a tu página

Uno de los errores más comunes que cometemos los primerizos en webs es empezar a elegir los *packs* más baratos del mercado para el registro de dominio, el hospedaje (*hosting*), las herramientas, etc. En oposición, te diré cuáles han sido las dos mejores decisiones durante mi aprendizaje desarrollando webs: "Voy a probar WordPress" y "voy a invertir más en el servidor".

Ya te comenté, al principio de esta fase, las diferencias entre servidores compartidos y dedicados. Y hablamos sobre las características RAM. Para simplificar y no repetirme, diré que el precio que pagues por un servidor impactará directamente en la velocidad de carga de tus webs. Si no vas a tener miles de visitas al día, no hace falta uno carísimo. Pero, por favor, no elijas tampoco el más barato del mercado.

Finalmente, es importante que ese servidor tenga una IP en el mismo país de donde provienen la mayoría de tus visitas. Tuve un servidor para una web sobre instalaciones deportivas de mi localidad. Y los usuarios, que se encontraban a 200 metros de ellas, tenían que viajar virtualmente a Alemania antes de aterrizar en la web.

2. Usar un CDN para la distribución de tu contenido

Un CDN (siglas de *Content Delivery Network*) consiste en usar un proveedor para almacenar tu contenido web en 'la nube' de muchos países. Así, permites que los usuarios accedan a tus contenidos mucho más rápido, desde variadas ubicaciones geográficas. No obligas a todo tu tráfico a buscar el contenido en una misma dirección IP, de un país específico. Esta no es una alternativa al servidor que has elegido, sino un complemento.

Verás que algunos de los servidores que has analizado incluían un CDN. Pero si no, puedes crearte una cuenta gratuita en algunos, como CloudFare.com. Eso sí, sus características variarán según el plan de pago que elijas.

Es importante recordar que los datos de tu web almacenados en la nube son similares a una web en la caché, con los mismos problemas e inconvenientes. Por ejemplo, cuando actualizas contenido en la web, puede tardar más en verse reflejado para los usuarios. Para disminuir este retraso, todos los CDN contemplan el modo "desarrollo", que te permite trabajar en la web y enviar contenido actualizado a la nube.

3. Cachea la web y comprime su contenido

Una de las principales características para reducir el tiempo de carga de tu web es la precarga en la memoria caché. Puedes llevarla a cabo mediante un *plugin* del que te comenté en la sección de WordPress, el W3C Cache. La precarga se realizará de forma automática, lo mismo que la compresión gzip, que reduce el tamaño de tu web y hace más ligera su descarga.

OPTIMIZACIÓN DE IMÁGENES

Las imágenes son elementos muy comunes en la web. Y pueden afectar notablemente su peso total. La deficiente optimización de las imágenes puede multiplicar por 5 el tamaño de una página, sin ni siquiera ofrecer una mejor calidad de imagen.

Existen varias herramientas profesionales que te ayudarán a retocar imágenes. Una conocida es Photoshop. Pero también puedes disponer de su versión gratuita, Gimp, o de otras mucho más simples de usar e intuitivas, como PicMonkey.com.

Reduce el tamaño en píxeles

Las imágenes no tienen por qué contener miles de píxeles de ancho y alto, cuando la web solo las mostrará en pantallas de ordenador, móviles o tabletas.

Lo primero que tienes que hacer es determinar dónde estará ubicada la imagen en tu página, y conocer su relación de ancho por alto. Yo uso una extensión en Google Chrome, llamada Page Ruler, que me permite desplegar una regla sobre la pantalla, con un cursor, y me indica cuánto mide el área que seleccioné.

Las imágenes en webs no deberían superar los 2000 px de ancho, y hablo de imágenes fotográficas para galerías, pensadas para monitores grandes. De hecho, aunque las guardes a 2000 px de ancho, lo más probable es que acabes exhibiéndolas a 900 px o una cantidad aproximada.

Con el alto de la imagen, seré un poco más flexible, porque en algunos casos, una imagen muy larga puede ser vista mientras se desciende por la web con el cursor. Si las imágenes se mostraran como pequeñas ilustraciones o botones, entonces necesitas ajustarlas a ese tamaño.

Compresión de imágenes y sus formatos

Una vez que llegue el momento de guardar una imagen que acabas de editar, te queda decidir algo importante. Algo que podría fastidiar la optimización que acabas de llevar a cabo: su formato o extensión. Queremos guardar la imagen con el menor peso posible en bytes, pero sin perder calidad o resolución.

- JPG

La compresión más usada es el formato JPG (o JPEG), el cual combina píxeles de diferente color, que no somos capaces de distinguir con nuestros ojos, reduciendo mucho el tamaño del archivo.

Esta es una extensión versátil. Diferentes programas te preguntarán qué grado de compresión quieres aplicar y te ofrecerán una vista previa, de modo que podrás verificar cómo cambia la imagen según la compresión.

Yo suelo hacer zoom y ver un pequeño detalle de la imagen. Luego reduzco la calidad hasta que el cambio en ese detalle es notable. De esta forma, me aseguro de que, al quitar el zoom, el ojo humano no será capaz de detectar mi compresión.

- PNG

Uno de los formatos más utilizados en web. Su ventaja radica en que te permite tener un fondo transparente, muy útil en muchos casos.

Si utilizas Photoshop, existe una opción debajo de 'Guardar como...', llamada 'Guardar para web...' Esta abre un cuadro de diálogo que te permite elegir una configuración de PNG. Yo recomiendo la compresión PNG-24.

Nombres de archivo

Aunque los motores de búsqueda siguen en permanente evolución, mejorando su procesamiento y reconocimiento de imágenes, es recomendable ayudar a Google a saber qué muestran nuestras imágenes. Y para ello basta escribir algunos de sus parámetros. Recuerda que los robots leen palabras con mucha mayor facilidad que cualquier mensaje visual.

Así que, antes de subir la imagen al servidor o WordPress, asegúrate de que tiene un nombre de archivo que se refiere a aquello que muestra y al contenido de la página web. También recomiendo prescindir de caracteres especiales: vocales con acentos o diéresis y letras 'ñ'. El navegador tendría que modificar estos caracteres por compuestos en código ASCII. Por ejemplo, la 'á' se convertirá en: '%&1SS2a'. Finalmente, los nombres de archivo de tus imágenes no deberían tener más de 3 palabras, dejando espacios o guiones entre ellas.

Ejemplos de buenos nombres de imagen:

```
camiseta nike roja.jpg
```

```
camiseta-nike-roja.jpg
```

Ejemplo de un mal nombre:

```
DSC0030.jpg
```

Títulos y descripciones

Una vez subida una imagen, deberás darle un título y una descripción. Estos no deben ser tan largos como los títulos y descripciones de una página, pero sí deben poder cumplir una función distintiva.

El título puede ser la marca o modelo del producto que muestras, seguido de otros detalles que lo puedan diferenciar. El título es más importante que la descripción, que puede incluso ser prescindible.

Campo ALT

Uno de los campos más ignorados, y paradójicamente uno de los más importantes para Google, es el campo ALT. Este explica a los usuarios (y a Google) qué se ve en una imagen determinada, tal como si un amigo te lo contara: "camiseta roja Nike en venta 35€".

El campo ALT es el más importante que debemos considerar para las personas con problemas de visión y accesibilidad, por lo que es altamente recomendable usarlo.

OPTIMIZACIÓN DE VÍDEOS

Si vas a integrar vídeos en tu página, directamente subidos a tu web o desde fuentes externas, como YouTube o Vimeo, procura siempre que contengan toda la información posible, tal como lo harías con imágenes y por la misma razón: Google interpretará mejor lo que pueda leer con palabras.

La diferencia con las imágenes, es que los vídeos provocan una experiencia a lo largo del tiempo, con una cierta duración. Por eso, se recomienda que controles todo el flujo de interacción con el vídeo y los enlaces en ellos, así como la posible lista de reproducción desde YouTube. Ten en cuenta que tras concluir, se podría reproducir de forma automática un vídeo no deseado en tu página.

Aquí van algunos consejos adicionales: Aloja tus vídeos en YouTube o Vimeo.

Inserta el vídeo desde YouTube o Vimeo y deja que ellos lo alojen en sus servidores. Piensa que, si subes el vídeo directamente a tu servidor, el archivo podría ser muy grande y ralentizaría toda la carga de la página.

Mostrar el vídeo de forma integrada en la web es como si tuvieras una ventana en tu página y mostraras el contenido de YouTube, pero el vídeo no estará realmente en tu web.

Para ello, deberás tener primero un canal de YouTube en el que subirás todos los vídeos de tu empresa. Mantén el canal visiblemente atractivo, con una buena imagen de cabecera, de 2560x1140px, y una descripción bien redactada, de hasta 1.000 caracteres, que invite a alguna acción o incluya un enlace.

Si tienes muchos vídeos, crea listas de reproducción. Agrupa los vídeos en categorías, para que los usuarios puedan reproducir de forma consecutiva varios de su interés.

Cuando subas un vídeo a YouTube, renombra el archivo de vídeo con palabras relevantes, como hicimos con las imágenes. Añádele un título de unas 5 palabras y una descripción que incluya un resumen, usando las palabras clave por las que quieres aparecer en YouTube, que es, por cierto, el segundo mayor buscador, después de Google.

Asigna tu vídeo a diferentes categorías de YouTube y, si puedes, escribe y sube texto junto al vídeo. Así, los usuarios que vean el vídeo sin sonido, podrán seguir tu mensaje.

Existen diferentes anotaciones que puedes añadir para que se reproduzcan a lo largo del vídeo, que pueden mostrar títulos, notas, etiquetas o tarjetas de final, que te permitirán compartir un enlace para que el usuario continúe su ruta normalmente al acabar el vídeo. Este enlace podría enviarlo a una página de tu web o a otro vídeo. Pero ojo: Si no lo usas bien, quizá solo consigas distraer a los usuarios.

OPTIMIZACIÓN DEL CONTENIDO DE LAS PÁGINAS

Palabras clave

Probablemente una de las expresiones más utilizadas en *marketing online*, tanto en posicionamiento orgánico como en otros campos, sea 'palabras clave'.

En SEO, las palabras clave han ido cambiando su significado e importancia a lo largo del tiempo. Al principio, para posicionarse, era muy importante saturar títulos, cabeceras y contenido con palabras clave. En consecuencia, navegábamos muchas veces entre páginas escritas más para robots que para humanos. Las frases se repetían sin orden ni concierto.

Desde entonces, Google ha mejorado mucho. Hoy exige a los desarrolladores y negocios escribir de forma natural y coherente para sus visitantes. Y, de hecho, su algoritmo puede penalizar una web con sobreuso de palabras clave. Así que utilízalas en frases, y en conjuntos largos y precisos de palabras, de la forma más natural posible.

Cada página es un mundo y es individual, así que tus palabras clave deberán reflejar esta singularidad. Si quieres posicionar un restaurante en Madrid, define tu estrategia desde el nivel estructural de la web completa, pero sin olvidar el objetivo de cada página individual, y condiciona tu contenido a ese objetivo.

Es decir, si el objetivo de la web de tu restaurante es posicionarse para búsquedas como "restaurante en la plaza mayor de Madrid", entonces tu enfoque a través de la web, y sobre todo en tu *home page*, estará relacionado con esa búsqueda.

Pero si en tu restaurante ofreces noches con música en vivo y destinas una página de tu web a esos eventos, entonces céntrate en ese contenido. Hazlo relevante sin importar el menú. En esa página particular de tu web, tu objetivo será posicionarte como "bar con jazz en vivo Madrid". De esta forma, crearás páginas más relevantes para temáticas específicas y, al mismo tiempo, beneficiarás al conjunto de tu sitio web.

Es importante que, aunque no repitas mucho tus palabras clave a lo largo del contenido (3 o 4 veces es más que suficiente), esas frases se encuentren bien distribuidas.

Asegúrate de incluir las referencias en:

- El título de la página.
- La descripción (aunque usando sinónimos o términos relacionados, si es posible).
- H1 o H2, cuando sea posible, tenga sentido y forme parte de un mensaje más amplio.
- Por el texto: Una o dos veces en el contenido es suficiente.
- Imágenes o vídeos: Si tu página tiene imágenes o vídeos, es importante añadir frases relevantes en sus parámetros ALT, como he explicado antes.
- Enlaces: Desde la *home page* u otra página de tu web (excepto, claro, la que estés posicionando) añade esa frase en el enlace hacia la página que estás optimizando. Recuerda que los enlaces también tienen un parámetro *título* para ayudar a los usuarios a anticipar lo que van a encontrar cuando hagan clic.

Contenido duplicado

En este punto de nuestra conversación, imagino que está claro que Google premia un contenido relevante para mostrar un resultado en su primera página. Pero, además de relevante, este debe ser único.

Imagina que el primer enlace de Google es muy relevante para tu búsqueda. Ahora imagina que alguien ha copiado esa página. Aplicando el mismo algoritmo, ¿debería Google mostrar la copia en las primeras posiciones?

El algoritmo de Google apunta a proveer los 10 mejores resultados en su primera página. Si dos son idénticos, habrá ofrecido solo 9. Es algo que esperaríamos que Google corrija. Y lo ha hecho.

El contenido duplicado no aparecerá dos veces en Google. Incluso si está ligeramente modificado, no aparecerá cerca del original en la lista de resultados de ninguna búsqueda. Así que es importante que vigiles dos cosas:

- No copies: Es muy difícil escribir contenido. Entiendo eso. Pero no caigas en la trampa de copiar el de un competidor u otra fuente de información *online*. En un corto plazo, es posible que cumplas algún objetivo. Pero en un largo plazo, nadie encontrará tu web, por las razones que he comentado.

- Vigila que no seas copiado: Del mismo modo que es malo copiar, es malo que te copien. Está fuera de tu control, porque tu contenido es público, pero tienes que hacer esfuerzos periódicos por chequear que nadie más publique tus textos o imágenes. Existe una herramienta muy poderosa (Copyscape.com) que, al introducir una URL, te indicará si ese contenido está duplicado en la red.

Si lo hay y es original tuyo, puedes actuar de varias maneras:

- Escribe una nota a Google, advirtiendo que has sido copiado y que posees el copyright. Puedes alertar al buscador, a través de esta dirección:
  https://support.google.com/legal/answer/1120734

- Ubica al webmaster de esa página o un dato de contacto de ese negocio y envía un email. Infórmales que están usando contenido tuyo sin permiso, indícales con detalle cuál y adviérteles que tomarás acciones legales si no es eliminado en los próximos 5 días laborales.

  Cualquier propietario de un negocio querrá evitarse problemas. Además, es probable que no sepa que su webmaster había copiado el contenido.

Contenido fresco, actualizado y atractivo

Uno de los factores que será más importante en el futuro, y una vez que todas las bases técnicas de SEO estén cubiertas, será la creación frecuente de contenido relevante y atractivo, para que los usuarios interactúen con él, lean, lo compartan y el tráfico gratuito aumente.

Los blogs son una sección de tu web en la que es natural la creación de contenido. Por él, los usuarios podrían seguirte en las redes sociales o visitarte con cierta regularidad, para descubrir tus más recientes publicaciones.

Claves de un contenido atractivo y que pase de boca en boca:

- Valor social

Compartimos cosas para quedar bien, ya sea porque somos los primeros en hacerlo o porque queremos mostrarnos como partícipes de algo. Asegúrate de que tu contenido añade ese valor social a los usuarios, para que sientan la necesidad de compartir.

¿Les deja en un buen lugar, hablar sobre tu marca?

- Emociones

Compartir contenido que crea emociones nos ayuda a conectar con otros. Las emociones positivas que más ayudan a compartir son la admiración, el humor y la excitación. Por otro lado, las emociones negativas que más se comparten son el enfado o rabia y la ansiedad. Otras cosas, alegres o tristes, no se comparten. ¿Hablar sobre tu marca produce alguna emoción?

- Valor práctico

Otra razón por la que las personas comparten es porque pueden ayudar o informar sobre una solución. Si pueden encontrarle utilidad a una pieza de tu contenido o marca, le comunicarán su hallazgo a alguien más. Y si es gratis, que no te quepa duda.

Si crees que este libro tienes buenos trucos para ayudar a hacer más visible el negocio de un amigo, ¿no se lo recomendarías?

- Público

A la gente le gusta imitar lo que ve en los demás. Sí, suena a instinto animal, pero es así. Hay muchas alternativas para cada solución, pero normalmente es una la elegida por la mayoría, y tú quieres que sea la tuya, y que tenga miles de usuarios.

Al desarrollar marca o contenido, asegúrate de que esta sea visible, que se pueda identificar al ser usado y se anuncie él mismo.

No solo traduzcas: localiza tu contenido

En tanto más relevante sea tu web para una determinada localidad, más oportunidades tendrá de aparecer arriba en Google, en búsquedas efectuadas desde ella. La localización abarca varios factores, que deberás tener en cuenta al diseñar y optimizar tu página y al crear su contenido:

- Idioma

Quizá la característica más obvia, pero muchos se olvidan de tener la página en varios idiomas oficiales o relevantes para la mayoría de sus potenciales visitas. Por ejemplo, si tu página va a tener como principal audiencia la población de Catalunya, asegúrate de publicarla en castellano y catalán. Si es para un país de Latinoamérica, el castellano deberá ser adaptado a ese país. Y si es para Suiza, entonces deberías pensar en alemán, francés e italiano.

Cuando tengas una web en diferentes idiomas, asegúrate de decirle a Google qué dominios son para qué idiomas, a través de unas líneas de código llamadas *hreflang*. Éstas se ubican en la cabecera de la web, entre los tags *<head>* y *</head>*.

Supón una web en castellano e inglés. La versión en inglés es un subdominio, que empieza por *en*.miweb.com. La versión española no tiene subdominio. Entonces, estas serían las líneas de código que deberías insertar en la cabecera:

```
<link rel="alternate" hreflang="en-GB" href="http://en.miweb.es/" />
<link rel="alternate" hreflang="es-ES" href="http://miweb.es/" />
```

- Palabras clave relacionadas con tu localidad

Si eres propietario de un negocio físico en una cierta ciudad, tu optimización debería relacionar esa ciudad con tu producto o servicio. Esta correlación será clave para tu éxito *online* y *offline*. No quieres competir con todo el país. Así que, si tu empresa se encuentra en Oviedo, tu optimización SEO en el contenido de tu página, títulos y enlaces deberían dejarlo claro. Por ejemplo: "abogado en Oviedo". O incluso más específico: "abogado en Oviedo especialidad propiedades".

LISTA TU WEB Y NEGOCIO EN GOOGLE MYBUSINESS

Cuando buscamos una floristería, muchas veces queremos que esté no solo en nuestra ciudad sino también cerca de nosotros. Sobre todo, si la buscamos desde el móvil. Muchas búsquedas se hacen desde Google Maps. Así que tu presencia allí, con un buen pin y una buena ficha de negocio, con tu teléfono, horarios, dirección e imágenes, será fundamental para atraer clientes.

Uno de los espacios digitales más importantes y conocidos para los negocios físicos es Google MyBusiness, antes conocido como Google Places. Ahora, es promocionado como una simple página de negocios en tu Google+. Pero no te preocupes, el resultado que queremos es el mismo: que cuando alguien busque tu marca, Google muestre entre sus resultados un acceso a tu página principal, incluyendo logo, mapa y otras imágenes.

Mira la siguiente ficha de negocio que aparece a la derecha cuando usuarios buscan la guardería Koala en Palma de Mallorca.

Pasos para crear tu página en Google+ y conseguir una visibilidad total en Google, para tu marca:

1. Ve a https://www.google.es/intx/es_es/business/ e inicia sesión. Si no tienes una cuenta previa de Google+, deberás crear una con la dirección de Google que ya estás utilizando para todos sus productos.
2. Añade el teléfono, tus horarios de atención y la dirección. Conviene verificar la dirección y teléfono a través de llamadas automáticas o cartas de Google, enviadas a la dirección provista. Por estos medios recibirás códigos que tendrás que introducir en el sistema.

3. Sube imágenes de tu logotipo, de la fachada, equipos e instalaciones de tu negocio y de tus productos, entre otras.

4. Añade otras facilidades. Indica por ejemplo si tienes parking, el rango de precios, etc.

PORCENTAJE DE REBOTE

El porcentaje de rebote es una de las métricas más usadas para medir el rendimiento de tu página; tanto para interpretar la experiencia que le das al usuario como la que Google entiende y evalúa.

Este porcentaje representa la proporción de usuarios que aterrizan en tu página pero, segundos después, vuelven atrás en sus resultados de búsqueda o cierran el navegador. Así que este indicador da a conocer, a nosotros y a los buscadores, que una página no ha sido un buen resultado para esa búsqueda o al menos para algunos usuarios, en un momento y lugar.

Para reducir el porcentaje de rebote, es muy importante, en primer lugar, ser consecuentes con las palabras con las que optimizamos un sitio. Si pretendes ser relevante para los golfistas de Sevilla, aparte de optimizar tus palabras clave en función de ese público, tienes que ofrecer contenido de verdad relevante para él. Usuarios buscando por "golf en Sevilla" podrían estar pensando en "asociaciones", "comprar palos", "directorios de campos", etc. Si tu página es solo una tienda *online* de material para golfistas, tu estrategia debe enfocarse en esa oferta. Si no, los usuarios interesados en otras áreas del golf llegarán a tu página, pero se irán pronto de ella. Así, incrementarán tu porcentaje de rebote y, en consecuencia, Google te ofrecerá un peor posicionamiento para la misma u otras búsquedas similares.

Para reducir esta ratio, es importante que, una vez que los usuarios han aterrizado en tu sitio, sigan navegando, visiten otras páginas o pasen un tiempo leyendo en ellas. El número de páginas visitadas y el tiempo en ellas es muy importante para que los buscadores interpreten que tu web ofreció una buena información al usuario, en respuesta a una determinada búsqueda.

Tus informes y optimizaciones sobre la usabilidad de tu sitio serán muy importantes para este factor SEO. Por eso, a pesar de lo que opinan otros expertos de SEO y de experiencia de usuario (UX), desde mi punto de vista estas dos áreas están íntimamente relacionadas. Aprenderemos a mejorar este porcentaje en la *Fase 5*, y a analizarlo en la *Fase 6*.

ADAPTACIÓN A MÓVILES

Tu página web tiene que estar optimizada para móviles. Si has seguido mis pasos en el apartado de elegir una plantilla de WordPress, ya tendrás esta optimización SEO bastante avanzada.

No es difícil adivinar que las búsquedas en Google desde móviles se incrementan mes a mes; y Google le da especial importancia a este factor: Muestra diferentes resultados si la búsqueda se hace desde un ordenador, tableta o móvil.

De hecho, el 22 de abril del 2015, Google modificó su algoritmo para echar abajo los resultados que no estaban optimizados para móviles. Con ello, generó un fuerte impacto sobre grandes marcas, cuyas adaptaciones eran muy lentas. Pensaban que su autoridad como marca sería suficiente para Google. Pues no.

El diseño de tu página se tiene que adaptar a cualquier tamaño de pantalla y, en el caso del móvil, a las pantallas más pequeñas. Tu diseño debería ser fácil de leer, tocar y navegar con la yema de un dedo. No con dos.

Usa un tamaño grande de fuente, iconos, menús reducidos y números de teléfono sobre los que se pueda hacer clic para llamar. Estas son algunas de las mejores prácticas en diseño móvil, y hay más, pero aquí me enfoco en aquellas que afectan tu posicionamiento. Recuerda: Tu web debe ser reconocida por Google como adaptada a móviles. Para comprobar lo que el buscador piensa, puedes aplicar tú mismo el siguiente test: https://www.google.com/webmasters/tools/mobile-friendly/

ESTRATEGIA DE ENLACES O LINK BUILDING

Este es uno de los parámetros que tiene más potencial. Y puede impactar tu posicionamiento, positiva o negativamente.

Los enlaces desde otra web hacia la tuya significan que "te recomiendan". Pero ahora verás que la percepción de Google sobre quién lo hace puede cambiar todo. Imagina esto:

- Tu madre te dice: "Hijo, ¡deberías ir a ese bar! Está muy bien".
- Tu amigo: "Hey, ¡deberías ir a ese bar! ¡Está muy bien!".
- Un somelier y juez de las estrellas Michelin: "Hola, deberías ir a ese bar. Está muy bien".
- Alguien que no conoces en absoluto: "Hola, ¿quieres entrar a este bar? Tenemos buenas ofertas".
- Y finalmente, una persona con aspecto raro, una forma de hablar confusa y mirada perdida: "¡Hey! ¡Deberías ir a ese bar! Está muy bien…"

Básicamente, te han dicho lo mismo, pero tu opinión sobre el bar ha cambiado según quién lo ha hecho. Tienes un preconcepto inmediato sobre el bar. Piensas que el bar que le gusta a tu madre, quizá no te guste a ti. Confías en lo que te ha dicho tu amigo. Le crees a un juez de Michelin por su reputación y su capacidad para comparar bares, pero quizá su recomendación no se ajuste a tu presupuesto. Ignoras al que no conoces y seguro evitarás el consejo del último personaje.

Google entiende esta misma lógica y la aplica en sus algoritmos. Si hay páginas web que enlazan a tu web, esto puede ser muy beneficioso para tu posicionamiento. En primer lugar, atrae visitas. Y segundo, significa que eres más relevante en internet. La gente habla de ti.

Obviamente, el contenido de la página de origen, donde se encuentra el vínculo o link, tiene que ser relevante. Y en el mismo idioma que la página de destino, para que el usuario fluya de una a otra y navegue sin estancarse, algo que Google desea.

En tanto más relevante sea el contenido y mayor prestigio tenga esa página, más autoridad le dará a tu web: No es lo mismo que el enlace venga del blog sin visitas de un desconocido, que de un periódico digital muy popular, como El País o El Mundo. Obviamente, estos links son muy difíciles de conseguir.

Cómo conseguir links

La mejor manera de conseguir links es naturalmente. Es decir, que tu web se convierta en una fuente de material tan único y relevante para los usuarios, que otros propietarios de webs o negocios simplemente sientan que deben transferir ese conocimiento a sus visitas.

Es muy importante que no pagues ni intercambies enlaces. Cuando tu web tenga un cierto número de visitas, empresas con poca credibilidad te mandarán emails opinando sobre SEO e invitándote a intercambiar enlaces: tu *linkeas* a su web y ellos a la tuya.

Esto puede afectarte negativamente, así que ignora esos correos. Si una web enlaza a muchas diferentes webs de distinto contenido y países, sin aportar ningún valor SEO, Google lo detectará como una mala práctica.

Una buena opción para añadir enlaces es encontrar blogs o contenidos relevantes que tengan una sección para invitados o sección de enlaces. Encuéntralos y crea contenido en ellos, enlazando a tu web.

Google proporciona maneras de realizar búsquedas avanzadas que te ayudarán a este propósito. Búscalas en https://www.google.es/advanced search Así podrás encontrar blogs sobre tu industria, pero que contengan en el título palabras clave como "Enlaces", "Links", "Guest Blog", etc.

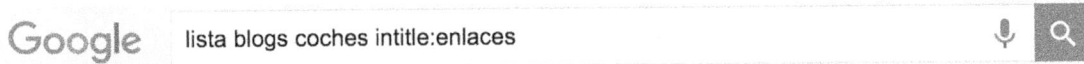

Google	lista blogs coches inurl:enlaces	🎤	🔍

Google	lista blogs coches intitle:enlaces	🎤	🔍

También puedes encontrar perfiles de personas importantes en tu sector, con influencia sobre muchos seguidores. Si ellos te recomiendan, podría ser muy importante para tu reputación.

Regístrate y pruébalo gratis https://moz.com/followerwonk/

18. TÉCNICAS SEO PARA TU TIENDA ELECTRÓNICA

Después de todo lo mencionado, para optimizar páginas y hacerlas más visibles para Google, comparto algunos trucos adicionales y específicos para tu tienda *online*.

No elimines los productos vendidos

Probablemente llevan tiempo posicionándose en Google. Retirándolos, generarás en un corto plazo un Error 404 y desaparecerán del medio. Si es el caso, indica que el producto está agotado, pero mantenlo accesible. Así, tu tienda ocupará una línea más en los resultados y generará visitas. La idea, en cualquier caso, es que al llegar a la página de un producto agotado, tus usuarios encuentren información de interés para seguir navegando y comprar otro similar.

Evita duplicación de páginas

Asegúrate de indicarles a Google Search Console y WordPress que no indexen tus productos al ser filtrados. Tu producto puede permanecer en diferentes categorías (/coches-segunda-mano/ y /coches-deportivos/) además de aparecer como resultado de filtros específicos (/coches-rojos/?filtro=rojo). Esto es algo que Google puede interpretar como duplicación de páginas. Para señalarle a Google cómo quieres que evalúe estos parámetros, ve a Google Search Console / Rastreo / Parámetros de URL / Añadir parámetro.

Explica a Google la estructura de la tienda

Estructura los datos de tus productos en Google Search Console. Así facilitarás el rastreo del mismo tipo de páginas de productos. Me refiero a aquellas en las que el nombre del producto, el precio y las imágenes, entre otros elementos, están siempre en la misma posición. De este modo, Google podrá ofrecer directamente tus productos como resultados de búsquedas.

Para marcar el contenido, ve a *Aspecto de la búsqueda*, *Marcador de datos* e *Iniciar Marcado*. Luego introduce la URL de un producto. Servirá de ejemplo para los demás que se presentan en páginas con la misma estructura.

Cuando la página cargue, a la derecha te aparecerán los datos que Google espera que marques: nombre del producto, precio, identificador, imagen, reseñas, autores de las reseñas y otros.

Para marcar la ubicación de cada dato, solo tienes que desplazar el cursor hacia la parte izquierda, donde se muestra tu producto, y hacer clic sobre él. Por ejemplo, el precio. Te aparecerá un menú con diferentes opciones, para que indiques de qué tipo de elemento se trata.

Una vez que etiquetes toda la información que conoces, y que se va a repetir en el resto de tus productos, haz clic en 'siguiente'. Repetirás algunas veces el proceso, con otros productos, hasta que Google entienda el patrón de marcado y pueda reproducirlo automáticamente.

En el siguiente ejemplo de DirectSports (también conocida como cheapbats.com) han enseñado a Google donde está colocado el precio, título, SKU, etc y el buscador proveerá estos parámetros en sus resultados cuando se busque por este bate.

19. REDIRECCIONANDO UNA WEB SIN IMPACTAR SU SEO

Si has rediseñado toda tu página web, cambiando su estructura y la navegación, si has actualizado el contenido o has emprendido otra acción, que afecte el contenido asociado a una URL, podrías perder toda tu historia de ranking en Google. Si quieres evitarlo, asegúrate de seguir los siguientes pasos, según tu caso:

SOLO HAS CAMBIADO EL CONTENIDO DE LAS PÁGINAS

En este caso, el impacto en tus buscadores puede ser escaso o nulo. De hecho, deberías actualizar constantemente tus contenidos, para proveerle material fresco a tus usuarios. Así que no te preocupes. Más que afectarte negativamente, este cambio puede mejorar tu posicionamiento.

Solo ten en cuenta que esa página que quieres modificar enlaza a otras en tu web. Si antes tenías una buena arquitectura de enlaces internos, debes mantenerla igual después de alterar el contenido.

CAMBIASTE LOS ENLACES PERMANENTES O URL

El cambio más crítico que puedes hacer es el de las direcciones o URL de tus páginas. Recuerda que estas son las puertas de entrada a un contenido que Google ya conoce, porque seguramente ya lo ha indexado. Pero tras el cambio, no va a encontrar nada. Y los usuarios que se dirijan al viejo URL llegarán a un Error 404 (página no encontrada). Así que Google detectará que algo está mal y reducirá la exposición de esta página, confinándola a posiciones inferiores en sus listas de resultados.

Para evitar esto, tienes que llevar a cabo un trabajo un poco más específico, que consiste en hacer un mapeado. Puedes usar una hoja de Excel, indicando en una columna la URL antigua de la página y en otra la URL nueva.

Dirección que Google conoce y que va a ser eliminada o cambiada	Nueva dirección donde estará ahora el contenido
`www.mirestaurante.com/pato-pekin`	`www.mirestaurante.com/menu-cena/pato-pekin`

Una vez que tienes listados todos los cambios de URL, deberás establecer redirecciones "301" entre las direcciones de la izquierda y las de la derecha. Redirecciones "301" es un código, que significa que la redirección es permanente. Avisa a Google, desde la primera vez que los robots se dirigen a la dirección antigua, que esta ha cambiado para siempre y se debe seguir una nueva URL para llegar al mismo contenido.

A partir de aquí, los algoritmos del buscador corregirán estas URL en su índice. Entenderán que el contenido y los resultados que antes asociaban a la dirección antigua, ahora deberán ser enlazados desde una nueva URL.

Existen *plugins* para WordPress que permite efectuar fácilmente este cambio. Uno es 301 Redirect Plugin, el cual te permite introducir dos columnas, como en la tabla anterior.

20. HERRAMIENTAS PARA AUDITAR EL SEO DE UNA WEB

SCREAMING FROG

Probablemente la herramienta más usada por los profesionales de SEO, siendo uno de los software más potentes y gratuitos para el análisis SEO técnico de una web: Screaming Frog.

Con ella tendrás una audición completa de cualquier dirección web. Puede ser de tu propia página web, de una página específica de tu sitio, o también de competidores, investigando sus puntos fuertes, por los que Google puede estar eligiéndolo mostrando su enlace encima del tuyo.

No tienes más que descargártelo de: https://www.screamingfrog.co.uk/seo-spider/ (tanto para Windows como para Mac), e introducir una URL en su barra superior de búsqueda. Tardarás poco en sentirte cómodo navegando por su panel y por sus diferentes zonas:

Zona central: donde podrás navegar por diferentes pestañas para ver el listado de URLs con diferentes informaciones según las columnas. Por ejemplo, si quieres ver los títulos, clica en 'page titles'; si quieres ver los encabezados, clica en 'h1' o 'h2'.

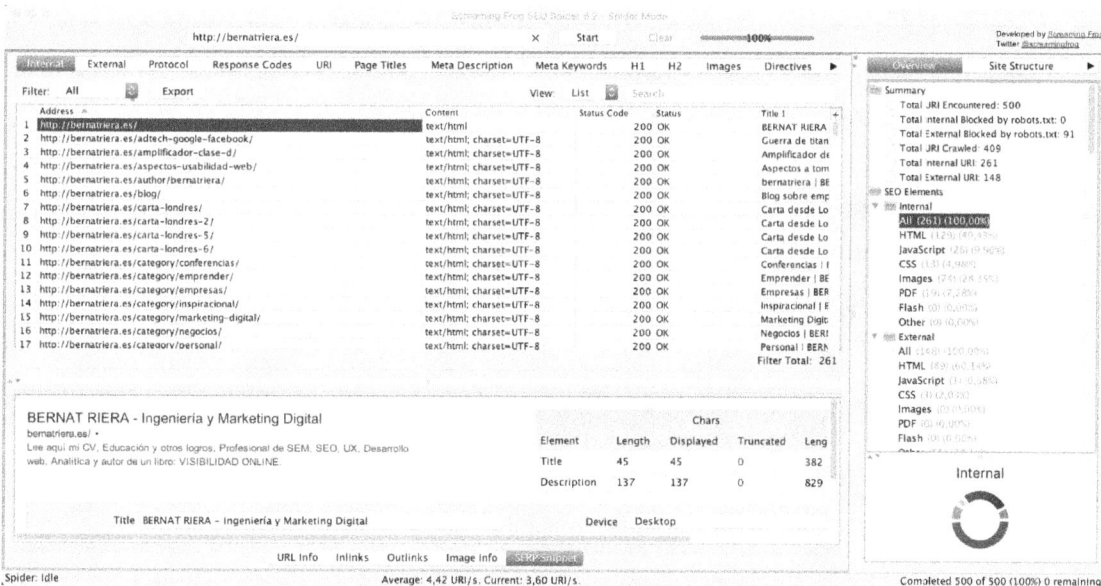

Lateral derecho: un panel para encontrar un sumario y filtrado por categorías, para detectar rápidamente lo que puede estar mal y que deberías empezar solucionando. Como, por ejemplo, yo siempre voy directo a mirar si:

- Títulos y descripciones. Observa si tienes páginas con los títulos o descripciones duplicadas, si supera el máximo de caracteres o píxeles recomendado por Google (más de 65 caracteres o 487 píxeles), por lo que éste podría cortarlo al mostrar tu enlace en su web; o si, por el contrario, son demasiado cortos (menos de 30 caracteres o 300 píxeles), donde en este caso Google podría generar automáticamente las descripciones desde tu contenido. Puedes ver una visualización de cómo aparecerá en Google clicando en la pestaña del recuadro inferior 'snippet', permitiéndote hacer pruebas de títulos y descripciones para ver cuál puede funcionar mejor en los resultados para conseguir más clics.

- Códigos de respuesta. Es importante reconocer qué respuesta da tu web cada vez que se accede a una página, archivo, imagen o documento. Éstos códigos pueden ser:

  - 200 – La página carga correctamente.
  - 404 – No se encuentra la página. Por lo que deberías indicar a Google que esta página se ha movido a otra dirección a través de un redireccionamiento 301 o 302. O si el contenido ha sido eliminado y no movido, entonces indica a Google que no indexe más esta dirección. Puedes hacerlo a través del archivo robots.txt.
  - 302 – Redireccionamiento temporal. Indicas que ahora el contenido está temporalmente en otro sitio, pero que no olvide esta URL, ya que en un determinado momento el contenido volverá a estar allí.
  - 301 – Las redirecciones 301 son permanentes e indican que el contenido o dirección indexada por Google ahora se encuentra en otro sitio. Google actualizará sus archivos para no volver a rastrear esta dirección, sino la nueva directamente.
  - 500 – Error de servidor. La página no pudo ser accedida o la web está caída. Arreglar las páginas con este problema debería ser prioritario.

- Encabezados H1 y H2: también los analiza y te avisa si no están optimizados. Su estructura ideal es tener un sólo H1 y el mínimo de H2 (uno si puede ser), por lo que con este análisis verás si tienes varios H1, o lo que es peor, si no tienes. También podrás ver si Google no está entendiendo tu estructura, y cuáles son las frases o palabras más importantes de tu contenido. Sería como tener una noticia sin titular o subtítulo.

- Imágenes: Evalúa el número de imágenes que tienes y lo grandes que son o su peso en KB/MB, lo cual impactará directamente al tiempo de carga de tu página. La información que ofreces a Google sobre estás imágenes también serán tomadas muy en cuenta para el posicionamiento, ya que robots (como Google mismo) o personas que no pueden visualizar las imágenes, sólo contarán con estos datos para obtener información sobre lo que muestras.

- Tiempos de respuesta: Agrupa el número de páginas que se cargan en un determinado número de segundos. Quieres que la gráfica de barras sea descendiente, es decir, que la mayoría de tus páginas se carguen en menos de 1 segundo.

- Estructura: qué tan profunda es tu estructura. Te guía sobre los niveles actuales de profundidad de tu web, cuántas páginas se encuentran bajo páginas y páginas. Por ejemplo, la página 'bebidas' se encuentra a una profundidad de nivel 4, y quizá no sea necesario: http://barmayor.es/festivos/menu/bebidas/

Zona inferior: Te da todos los detalles sobre la URL seleccionada, desde los links internos que recibe de otras páginas de tu web, como externos o de otras webs, hasta cómo se muestra indexada en Google en su pestaña SERP Snippet.

Informes desde la herramienta ScreamingFrog

Screaming Frog te permite exportar en tablas CSV toda la información para que la puedas tratar, filtrar y evaluar fácilmente en Excel. Por ejemplo, creé un informe para mis clientes de SEO en las que descargo toda la información de Screaming Frog, la pego en una pestaña de Excel, y se actualiza todo mi informe y auditoria rápidamente para identificar cambios rápidos que pueden suponer un impacto muy positivo en el posicionamiento, como la falta cabeceras, duplicaciones, o mal uso del número de caracteres de los títulos. Se visualiza de una forma agrupada y más sencilla de interpretar.

También podrías copiar y pegar esta información en Google Docs e importarla en los informes mencionados anteriormente, como a través de Google Data Studio.

Brokenlinks chrome

Con un solo clic, podrás analizar en cualquier página web en la que te encuentres si existen enlaces a otras páginas, tanto internas como externas, que no cargan o direccionan a un error 404.

Te mostrará todos los enlaces de la web tanto en rojo (rotos) o en verde (que responden correctamente).

Webmaster Tool Bar

Es una herramienta muy completa que te permitirá fácilmente identificar la estructura de H1, H2..., de una forma visual muy clara. Clica en su pestaña de *Information* seguido de *View Document Outline*.

Además de esto, observarás múltiples funciones, como deshabilitar elementos de la página, CSS, imágenes o cookies, para poder detectar si algo está creando el problema, cambiar la resolución de pantalla, entre otras.

Firebug

Una herramienta muy conocida entre los webmasters que te permite identificar elementos de una web para saber dónde está en tu código y puedas modificarlo fácilmente.

Por ejemplo, al iniciarlo y clicar en *Inspect,* podrás mover el cursor por la web hasta seleccionar el elemento que te gustaría inspeccionar, por ejemplo, el menú de navegación. Una vez clicado, te mostrará abajo su código HTML y CSS a la derecha, donde podrás cambiar a otros valores (por ejemplo, cambiar a otro color u ocultarlo), y ver su cambio en vivo observando si es lo que esperabas. Si es así, después encuentras esa línea de código a través de tu acceso FTP y archivo en la plantilla, y lo cambias para que tenga efecto real.

ColorZilla

Con un intuitivo cuenta gotas, podrás desplazar tu cursor a través de cualquier web e identificar el color Hexadecimal de algún píxel que te haya gustado para usarlo en el futuro en tu web o en diseños gráficos.

Gosthery

Esta extensión te muestra todos los códigos de otros proveedores que ha cargado una web. Estos podrían ser los códigos de remarketing, conversiones de Google, entre muchos otros posibles. Es útil para comprobar si tus códigos se están disparando correctamente, o si visitas otra página, ya sabrás las cookies que te están dejando.

21. EL FUTURO CERCANO DEL SEO

Debido a toda la nueva tecnología que día a día incorporamos en nuestros procesos, el posicionamiento de tu empresa en el mundo digital cambiará mucho en los próximos años, o meses.

LAS BÚSQUEDAS NATIVAS EN APPS SE INCREMENTARÁN

Las búsquedas se realizarán cada vez más desde aplicaciones nativas, que ofrecerán experiencias y soluciones completas a sus usuarios. Por ejemplo, Facebook, WhatsApp, Maps, Airbnb o Amazon. En consecuencia, las respuestas estarán ligeramente influenciadas por el ecosistema o red social de donde provengan. Google ya no monopolizará la posición de "mejor fuente de resultados". Esta será mucho más diversificada.

Para seguir posicionado en un buen lugar, tu esfuerzo deberá ir más allá. Te deberás asegurar de que tu página web tiene una versión móvil (imagino que eso ya es obvio), pero además, tendrás que tener en cuenta todas estas plataformas y herramientas. Por ejemplo, incluir en tu versión móvil un botón de 'compartir en WhatsApp', que enlace tu web con los contactos que el visitante guarda en su dispositivo. Así, si uno de ellos busca un restaurante en su *app*, el tuyo podría aparecer como primera opción. Esto, debido a que algunos de sus contactos han escrito reseñas sobre tu negocio.

EL TRÁFICO DE PAGO DOMINARÁ LOS RESULTADOS EN GOOGLE

En 2017, la mayoría de los resultados mostrados en la página de Google siguen siendo orgánicos, pero no las primeras 4 posiciones. Esto significa que casi todo lo que vemos antes de mover la página hacia abajo, son anuncios.

Por mucho esfuerzo que inviertas en optimizar tu web, incluso si consigues posicionarte en el número 1 entre los resultados SEO, es probable que no seas el primero que vean los usuarios. Pero no desesperes. Los esfuerzos y técnicas de SEO no serán en vano, por estas razones:

- Muchos usuarios utilizan *adblockers*, por lo que los anuncios desaparecen de su vista y los resultados orgánicos aparecen como primeras opciones.

- Las técnicas SEO y de usabilidad no solo te deberían importar por un tema de posicionamiento. También te permitirán ofrecerle una mejor experiencia a tus visitantes.

- Si lanzas una campaña de publicidad enviando tráfico a una página de aterrizaje específica, esta será, en teoría, más pobre en optimización y contenido que tu web principal. Pero si aplicas los primeros principios explicados en esta fase, Google incrementará tu *Quality Score* o puntuación sobre relevancia, y te cobrará menos por cada clic.

OPTIMIZA TU WEB PARA QUE SEA LEÍDA

Los *wearables* están aquí para quedarse y expandirse. Al ordenador de mesa y la portátil se añadirán cada día nuevos competidores, que reducirán su uso.

La experiencia web en pantallas cada vez más pequeñas, e incluso sin pantallas, producirá que la interacción con esos dispositivos se realice muchas veces mediante comandos de voz. Así que, si quieres ir un par de pasos adelante, asegúrate de que tu página web puede ser leída y entendida fácilmente por un robot.

Para ello, integra números de teléfono reconocibles, mapas con direcciones integradas, imágenes y vídeos. Todos estos elementos con sus respectivas descripciones y etiquetas ALT.

Pronto, los hologramas estarán aquí y las pantallas podrán ser proyectadas en cualquier superficie y momento. Quizá producidas por esos mismos *wearables*. Entonces, el diseño y la usabilidad serán protagonistas, y probablemente tengamos que adaptarnos de nuevo.

Para concluir, mantente atento a las nuevas tecnologías. Observa los resultados y servicios que ofrecen. Sigue optimizando tu página adaptándola a los nuevos asistentes por voz como Alexa de Amazon o Google Home que conectan toda tu domótica en casa y que también harán búsquedas *online* y leerán la información al usuario.

Fuente: Microsoft

FASE 4

PUBLICIDAD ONLINE

22. OBTÉN RESULTADOS MAÑANA CON ANUNCIOS ONLINE

Éste será uno de los mensajes más claros que te daré en el libro, y en el que deberías confiar si lo que quieres es propulsar tu negocio online (e incluso el físico) lo antes posible y empezar a tener ingresos: Invierte en campañas de publicidad online. Te voy a explicar en cuál, cuándo y cuánto para que ganes la confianza que necesitas a la hora de invertir y elegir el canal apropiado para cada negocio.

Muchos emprendedores quieren invertir en muchas cosas antes que en publicidad online, y siempre me ha parecido que dejan la inversión más importante para el final. Antes se ocupan del papeleo, contratar a gente (que inicialmente no tendrán mucho trabajo), alquilar y decorar una oficina o contratar una gestoría, en lugar de hacer crecer su cartera de clientes y sus líneas de ingresos, y de balancear su cash flow negativo en sus primeros meses.

Si tienes 100, 500, 1.000 o más euros que estás pensando en dónde sería mejor gastarlos, entonces la respuesta sin duda es que te asegures de que cuando los clientes tengan una necesidad que tú puedes cubrir, te encuentren. Y eso significa comprar los espacios disponibles de publicidad en Google. Será un paso sacrificado al principio, pero tan pronto como empieces a ver resultados, no pararás de invertir y de tener campañas activas.

¿EN QUÉ CANAL ONLINE DEBERÍAS PROMOCIONAR TU NEGOCIO?

A continuación, te muestro el ciclo natural de compra de tus clientes, el cual se aplica sea cual sea tu propósito.

Los usuarios que no quieren comprar se encuentran en un estado pasivo del ciclo de compra, pero es importante que les vayas educando sobre tu marca y proposición incluso antes de que te necesiten.

Cuando la necesidad aparece por la razón que sea, entonces empieza su ciclo activo de búsqueda, y la competición entre empresas empieza a ser más agresiva para capturar a ese cliente potencial ya listo para comprar.

Finalmente, una vez la compra se ha realizado y la necesidad inmediata ha cesado, es momento de retener el cliente, seguirlo para que compre más o mejore su producto al cabo de un tiempo, y se convierta en tu mejor altavoz promocional a través de las personas a las que podría influenciar.

Estados de compra descritos con más detalle.

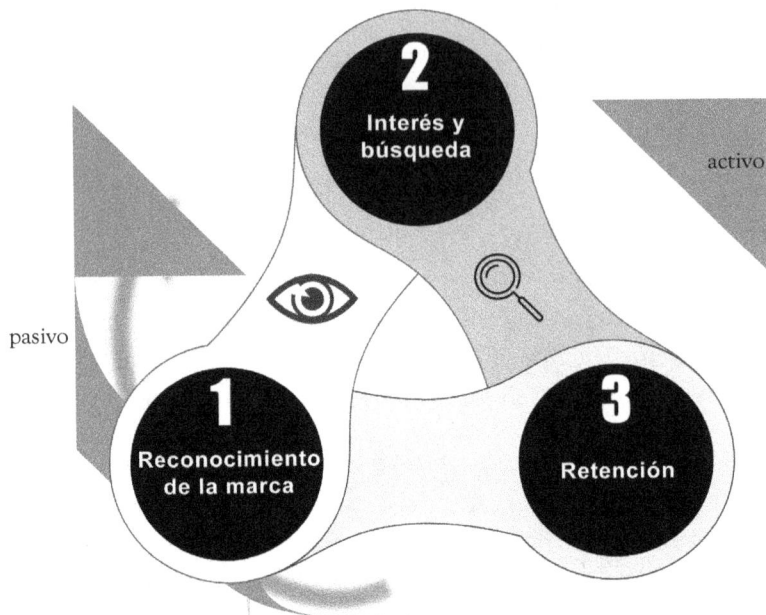

Estado 1: Reconocimiento de la marca

Lo primero que tendrán que hacer es enterarse de que tu producto o servicio existe, y educarles de por qué les debería interesar o por qué deberían comprártelo a ti.

Deberás invertir más fuerte como más desconocido sea el producto o lo sea tu marca comparada con tus competidores. Puede ser más difícil ver su retorno de inversión directo, pero a la larga es una inversión necesaria.

Existen varios canales online muy interesantes para conseguir este reconocimiento y generar interés cuando tus potenciales clientes aún no están activamente interesados en comprar lo que vendes: Facebook, Twitter, Instagram, Display, Gmail o YouTube. En breve explicaré cómo crear campañas ganadoras en ellos.

Estado 2: Interés y búsqueda

Habrá un momento detonante en el que los usuarios quieran activamente lo que tú vendes. Esto puede ser debido a una necesidad que has sabido crear (una nueva app), o porque alguna condición ha cambiado y ahora necesitan adquirir algo que antes no necesitaban (se le ha roto la tele y necesita comprar una, o le duele la espalda y necesita un fisioterapeuta).

Cuando este momento suceda, el primer lugar natural hacia donde tus usuarios irán es al buscador, principalmente Google, para ver quién ofrece eso en su localidad. Y es entonces cuando debes aparecer para toda combinación de palabras que puedan introducir en la barra de búsqueda.

El 75% de las compras de cualquier tipo (tanto online como offline), y de lo que sea (producto, servicio), empiezan de algún modo en los buscadores.

Otros factores que condicionarán tu campaña será la competencia que tengas, no sólo física, sino también online. ¿Quién sale publicitándose cuando buscas tu producto en Google? Si aún no lo sabes, entonces para, saca el móvil y Googléalo ahora mismo. Sí, exacto, ahora y en el móvil. Así es como buscará tu potencial cliente. Da igual que vendas camisetas en una tienda electrónica o si vendes generadores de electricidad para dar energía a un pueblo entero. El primer paso es buscar información inicial desde donde sea, y un sinónimo de "donde sea" es móvil.

¿Ves ese resultado con una marca de pestañita verde que pone "Anuncio" que te aparece en primera posición? ¿Eres tú? ¡Deberías!

Estado 3: Retención

Una vez cliquen en tu anuncio, debes facilitar el camino más fácil y directo hacia la compra o contacto. Te explicaré como en la fase de Usabilidad.

En este momento pueden pasar dos cosas, que se conviertan en tu cliente o no. Para ambos, es importante utilizar herramientas de remarketing para que se conviertan en clientes leales a tu marca, o si no los convenciste la primera vez, intentar atrapar su interés de nuevo mediante mensajes personalizados.

Si realizó la compra, es importante convertir a ese cliente en tu mejor herramienta de marketing reteniéndolo y logrando que comenten a sus amigos por qué ellos también deberían comprarte a ti en lugar de a tus competidores. Por lo que canales de remarketing en Display, RLSA y Facebook te ayudarán a mantenerle viva la llama.

OBJETIVOS DE LAS CAMPAÑAS Y CÓMO MEDIREMOS EL ÉXITO

Identifica cómo vas a medir el éxito de tu web. ¿Es por número de ventas de un cierto producto que demostrarían la adaptación de tus clientes a tu marca, o no te importa tanto el volumen, sino que compren los productos más caros?

En otros casos, puede que te interese más el número de veces que tu anuncio es visto o clicado para tener una percepción de lo que los clientes piensan de tu marca al ver tu imagen o anuncio, por lo que el éxito vendría determinado por muchas impresiones o clics a tu web.

Analizar tu meta significa empezar con el final en mente. Verás que una vez decidas el final del camino te será mucho más fácil visualizar el recorrido hasta él. Quizá tienes que enfocar tu estrategia a ciertos canales o sólo a ciertos productos, ya que cualquier cosa que se salga de ese camino al objetivo será una pérdida de tiempo o dinero.

23. GOOGLE ADS: ANUNCIOS EN EL BUSCADOR

Hay jefes de empresas que aún se confunden al pensar que si su negocio es para otras empresas (B2B) y no para consumidores finales (B2C), no deberían anunciarse en Google.

Pero es un error muy básico el no darse cuenta de que los que toman decisiones en las pequeñas o grandes empresas son personas, y su primer punto de partida sigue siendo el mismo que el tuyo o el mío, googlear. De hecho, si los grandes jefes que toman decisiones no googlean, estos se ven influenciados por otros del equipo más jóvenes o técnicos que sí lo hacen.

Google debería ser la base de todas las campañas de publicidad online. Tal como hemos estado desarrollando en la fase de SEO, la presencia y visibilidad en Google es fundamental.

Incluso aunque estés orgánicamente en primera posición, deberías invertir en publicidad online para asegurarte de que un competidor no aparece encima de ti en las primera posiciones pagadas de Google y se lleve el clic y la venta.

Fíjate en la siguiente captura de pantalla. Autotrader.co.uk es el primer resultado orgánico y sale por abajo de la pantalla con 3 competidores encima suyo mediante anuncios. El segundo resultado de pago son ellos mismos. Un claro ejemplo de que tienen un buen posicionamiento orgánico y saben que necesitan comprar anuncios para competir también en ese espacio.

He oído a mucha gente decir que nadie clica en los anuncios de Google, y después los he visto usando internet y resulta que sí clican, pero ni lo saben. Cada vez es más difícil distinguir lo que es un anuncio o un resultado gratis en Google.

Por mi larga experiencia en el mundo de marketing online, te puedo asegurar que sí, la gente clica mucho en los anuncios, y las compañías para las que he trabajado se dejan millones de dólares al año. Las páginas web que he hecho y promocionado, tanto mías como para otros pequeños clientes, también nos han hecho dejarnos cientos de euros. Y una vez empiezas, no paras, ya que capturar la oportunidad de potenciales clientes buscando es muy importante y provechosa.

Anúnciate en buscadores si tus clientes pueden buscar en internet por tus servicios o productos. Si vendes un producto que ya existe, los clientes buscarán dónde poder comprarlo, ya sea online o visitar tu tienda en tu localidad para realizar la comprar en persona. Si es un servicio, la búsqueda vendrá probablemente acompañada del nombre de una localidad, municipio o país.

Cuando hablamos de clientes a través de búsquedas, estos son 'potenciales' desde el principio, porque ya están buscando por ese producto o servicio, ya tienen una necesidad, y están interesados en pagar o comprar. Sólo asegúrate de estar ahí en el momento correcto.

Es importante saber que no pagarás nada cada vez que alguien te busca y tu anuncio aparece. Sólo pagarás cuando alguien clique en él. Es decir, puedes tener 1.000 impresiones (veces que tu anuncio se muestra) al día, pero si sólo tienes un clic de un cliente, lo único que pagarás a Google es por ese único clic. El coste puede oscilar desde 0,01€ a 20€, dependiendo de la competencia que también haya para esa palabra y de lo relevante que sea tu anuncio y página web para esa búsqueda, aparte de la máxima puja que tú decidas. Si ésta fuera de 0.5€, no pagarás más que eso por clic, aunque si hay otras empresas con una puja máxima más alta, entonces tu anuncio no aparecerá. Google, como el resto de plataformas online, se basa en un sistema de pujas y competitividad para maximizar su beneficio, por supuesto.

Recuerda, Google premia a quien ofrece la mejor experiencia y resultado por una búsqueda específica, pues lo mismo se aplica a los anuncios de pago.

Desarrollar y crear campañas de publicidad en Google es muy sencillo. Optimizarlas y sacar el máximo rendimiento no lo es tanto, y la competencia no lo sabe. Yo te lo cuento todo en el capítulo dedicado a Google Ads más adelante.

El diagrama de abajo muestra una búsqueda, un anuncio con impresión, y clic con coste, enviando al usuario a tu página web elegida (página de aterrizaje).

Búsqueda   Clic en anuncio   Página de aterrizaje

CREAR CAMPAÑAS DE ÉXITO EN GOOGLE ADS

¿Cuándo quieres aparecer en Google?

Para la creación de publicidad en Google deberás pensar para qué palabras o frases clave quieres mostrar tus anuncios y empezar a escribir la lista en una hoja de Excel. Por ejemplo, si quiero promocionar un nuevo libro como este, mi lista tendría: `libros de empresa, libro seo, libro Google Ads, comprar libro marketing, guía usabilidad, hacer dinero` online, etc.

¿Qué presupuesto tienes para invertir inicialmente (sin saber si tendrás un retorno de inversión)?

Si nos garantizarán que recuperaremos 100€ por cada euro invertido, ¿quién no invertiría sin parar? Pero el retorno de inversión no es garantizado, por lo que en tu primera campaña considera presupuestos graduales que puedas asumir como pérdidas hasta que seas capaz de identificar de manera exacta cuántos de tus nuevos clientes llegan por tu publicidad y tenga sentido re-invertir.

¿En qué continente, país o ciudad están los usuarios a los que mostrarás tus anuncios?

Debes estar muy alerta de no mostrar tu anuncio a personas irrelevantes y, según tu negocio, éstas pueden ser todas las que no se encuentran en tu calle, ciudad, provincia o país, así que deberás seleccionar la ubicación geográfica de tus anuncios con cuidado.

¿Qué quieres que pase una vez introduzcan las palabras clave en el buscador?

Ya tienes la oportunidad de aparecer y te tocará decidir qué mensaje les presentarás para capturar su atención y llevarte el único clic de la pantalla. También deberás decidir dónde los envías al clicar y qué experiencia tendrán en tu web o página de aterrizaje.

Si tienes estos puntos básicos en la cabeza, ya tienes la campaña al 70%. Sólo te falta la implementación técnica que irás haciendo paso a paso.

Crear una cuenta en Google Ads

Ve a Ads.Google.com e inicia sesión con tu cuenta de Gmail habitual. Si ya la tienes, entra con ella, si no, te pedirá que crees una nueva.

También existe un método para crear una cuenta de Google Ads con el correo de tu empresa, pero tienes que hacer un paso previo que es asociando tu email profesional con uno de Google en un minuto. Podrás hacerlo a través de este link:
https://accounts.Google.com/SignUpWithoutGmail

Al entrar y realizar tus primeros pasos en la cuenta, Google te guiará para crear la primera campaña, anuncio, grupo de palabras clave, etc. Te recomendaría que esquives su tutorial (al principio encontrarás un 'saltar') y accedas a la interface principal de la cual te daré todo el conocimiento a continuación, pero a muchos les pasa que crean una campaña sin aún saber muy bien lo que van a hacer, configuran el pago y empiezan a gastar antes de que se den cuenta. Si ya te ves allí, no te preocupes.

Crea una cuenta, pon un presupuesto de 1€ y configura el pago, pero inmediatamente luego de que accedas, pausa lo que hayas creado hasta que entiendas bien cómo funciona todo.

ESTRUCTURA DE LAS CAMPAÑAS Y GRUPOS DE ANUNCIOS

Es importante conocer los niveles que tiene una cuenta de Google Ads en los que te permitirán mejores o peores optimizaciones y manejo del rendimiento y presupuesto según la estructures.

Todo empieza por agrupar las diferentes palabras clave que tendrás en la cuenta, de manera que para ese específico grupo de frases mostrarás un anuncio relacionado con esas palabras clave. Por ejemplo, si vendes coches, puedes tener un grupo de palabras relacionadas con BMW y los anuncios que mostrarás deberían contener también BMW.

Además, pensar que un anuncio será perfecto para captar la atención de todos los usuarios sería muy ingenuo, por lo que es importante tener varios que roten. Uno podría hablar de su eficiencia y bajo consumo, y otro sobre su velocidad.

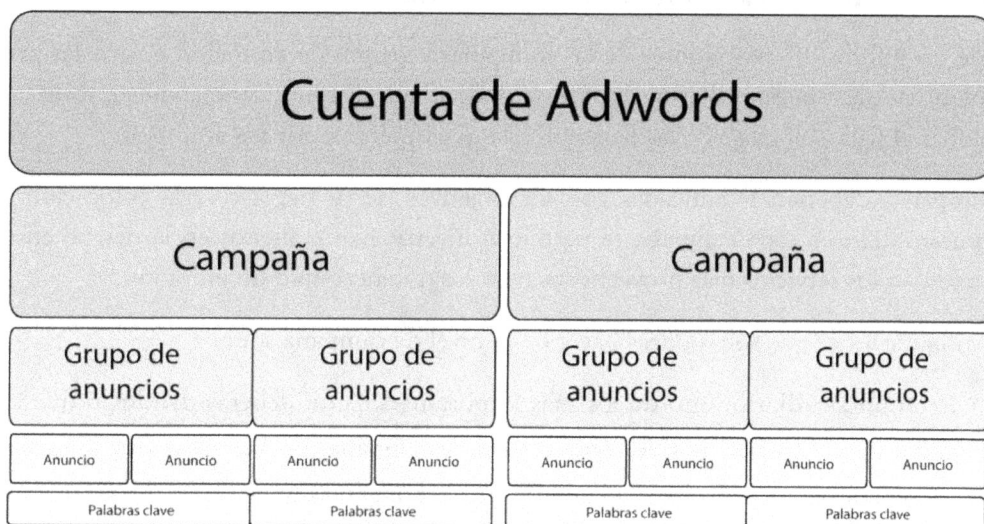

Todos estas palabras y variaciones de anuncios relevantes se agrupan en un 'Grupo de anuncio'.

Ahora que has creado mensajes y palabras para las marcas de coches que vendes en tus grupos de anuncios, estos necesitan agruparse en su nivel superior de 'Campañas', el cual tiene unas propiedades de configuración especiales y muy importantes que descubrirás a continuación, como el presupuesto diario o situación geográfica, entre otros. Por lo que una buena idea en el ejemplo de coches, sería crear una campaña para los dos centros que tienes, uno en Madrid y otro en Barcelona. U otra estrategia podría ser crear campañas por coches de gama alta, de baja, de segunda mano y de alquiler. Las configuraciones son infinitas.

Al diseñar la estructura de tus campañas en tu cuenta de Google Ads, te ayudará tener estos 3 puntos en mente:

1. Clara de un vistazo: tienes que ser capaz de identificar en pocos segundos la estrategia seguida, la división que se ha hecho y su granularidad.
2. Es escalable: la estructura tiene que estar dispuesta de tal forma que pueda crecer en función de los productos, demanda, servicios, canales, localidades o presupuesto, entre otros.
3. Pon una nomenclatura en la que sea fácil generar datos para el análisis cuando descargues las estadísticas por campaña, y que sea rápido filtrar con Excel la información que quieres.

Configuraciones de campaña y grupo de anuncios

Uno de los puntos diferenciadores de las campañas y grupos de anuncios, es que las primeras controlan el presupuesto diario de forma individual. En las campañas también podrás seleccionar el país y lenguaje de las personas a la que quieres servir tus anuncios.

Las campañas deberían ir alineadas con los objetivos de tu negocio, y la colocación de un presupuesto diario a cada campaña te permitirá invertir más o menos en la marca, en ciertos productos, en los servicios más provechosos o en los que necesitan un empujón.

Las configuraciones que sólo podrás hacer en el nivel de campaña son:

- **Presupuesto diario**: uno de los más importantes. Aquí deberás dividir lo que quieres gastar al mes y al día por el número total de campañas. Debes saber que Google podrá sobrepasar en un 20% ese límite diario que le pongas, asumiendo la idea de que otro día gastarás menos y así no perder la oportunidad de capturar esos picos de búsquedas. Por ejemplo, gastar un poco más durante los días laborales de la semana, ya que se espera gastar menos el sábado y domingo.
- **Red:** Debes elegir "Sólo búsqueda" si sólo te interesa anunciarte en Google. Si por el contrario quieres expandirte en Display, también puedes seleccionar "Red de contenido". Pero asegúrate de que primero leas mi capítulo de Display, sino será muy fácil que gastes dinero en este canal.

- **Entrega de anuncios:** puede ser estándar (que se reparte el presupuesto diario a lo largo del día) o acelerado (aparecer en Google tanto como sea posible hasta que te quedes sin presupuesto). En el segundo caso, dependiendo de tus palabras clave y presupuesto, te podrías quedar sin presupuesto diario en unas horas.
- **Fecha de inicio y fin:** Muy útil para crear ciertas promociones durante un periodo específico de tiempo.

Por otro lado, los grupos de anuncios te permiten configurar la misma apuesta (máximo coste por clic) para todas las palabras clave en su interior. Aunque no te recomiendo hacer eso, ya que las palabras clave pueden tener diferente relevancia y competitividad en Google, por lo que lo ideal es apostar por ellas a nivel de palabra.

Anuncios y extensiones

Los anuncios que escribas serán la imagen de todo tu trabajo detrás de las escenas, es lo que verán tus clientes, lo que competirá en Google con otros anunciantes y el que sólo uno de ellos se llevará el clic.

Deben ser relevantes, fáciles de leer, y con llamadas a la acción para que los usuarios se sientan atraídos para clicar. Diles lo que ofreces (Masajes en Alicante), lo que encontrarán después del clic (Reserva online ahora, consulta precios y horarios, etc.), y muestra tus ventajas comparado con la competencia (20% de descuento primera cita).

Por mi experiencia, diría que con lo rápido que es internet hoy en día, la gente clica en el primer resultado que aparece casi por instinto y saben que si no es lo que buscan tardarán un segundo en ir atrás y clicar en el siguiente resultado. Así que esfuérzate en el mensaje de tu anuncio para los que aún los leen, pero también recuerda que para los que no, estar en la primera posición puede marcar la diferencia para conseguir el clic.

Incluso diría que muchos clican y abren en diferentes pestañas de su navegador los 5 o 6 primeros resultados y después van a echar un vistazo a ver si lo que ofrece esa página es lo que querían, por lo que poner una buena página de aterrizaje será muy importante para retener su atención.

El anuncio tendrá un papel importante en el coste final por clic que pagues definido por el "Ranking del anuncio", un parámetro que evalúa la relevancia del anuncio por sus palabras claves contenidas en el mensaje y relacionadas con la búsqueda que el usuario hizo, y con él, la página de aterrizaje final, tanto en la URL como en el contenido de la misma.

El Ranking de anuncio es una fórmula, pero no te la diré porque nunca la recordarás. Pero recuerda lo siguiente:

- Que el anuncio contenga palabras claves preferiblemente en el título, pero también en la descripción.
- Que la URL visible sea lo más parecida a la URL de destino, y si éstas también contienen alguna palabra clave, mejor.
- Intenta conseguir el mayor número de clics con una buena acción descrita (como Empieza *hoy gratis*) e intentando subir tu apuesta máxima para mostrarlo por encima de la competencia. Ambos afectarán positivamente a tu CTR (click-through rate o ratio de clic por impresión). Como más alto, mejor.
- Que todo sea relevante para Google, desde la palabra clave inicial, el anuncio, hasta el contenido final de la web.

El CTR es un porcentaje que define las veces que un anuncio ha sido clicado dividido entre el número total de veces que ha sido mostrado. Por lo que si tu anuncio se muestra 100 veces, y sólo consigue 5 clics, el CTR es 5%.

Para configurar un buen anuncio extendido, es recomendable que utilices todos los caracteres permitidos. Éstos son:

- Título 1: 30 letras
- Título 2: 30 letras
- Título 3: 30 letras
- Línea de descripción 1: 90 letras
- Línea de descripción 2: 90 letras
- 2 x Direcciones URL visibles: 35 letras

Ejemplo por búsqueda: 'perfumes online'

Dtos Hasta el 80% en Perfumes - Compra Ahora. Máxima Garantía
Anuncio **www.perfumes**laguna.com/**perfumes** ▾
Venta de **perfumes** de las primeras Marcas y 100% originales. ¡Al mejor Precio!
Mas de 15 Puntos de Venta · 6 Años Vendiendo Online · Mejor precio online · Envío en 24h
Perfumes de Mujer · Perfumes de hombre

Extensiones de anuncios: Enlaces de sitio, teléfonos, mapa y texto destacado

Utilizar extensiones de anuncio serán muy importantes para dar una experiencia más rápida de reacción a los usuarios que buscan algo determinado, como un teléfono o páginas específicas dentro de una web (como el apartado de contacto o precios). Pero además estarás aumentando tu espacio físico en la página de resultados, que ya de por sí es muy bueno para aumentar el CTR.

Anuncio · www.escoletakoala.es/educacion/bebes ▾

CEI Escoleta Koala Polígono - Exige Más a la Educación 0-3

Escoleta Autorizada con Inglés Nativo, Comida Casera y Sana. Educamos a tus Peques con la Mejor Combinación de Ambientes y Montessori. Inglés Nativa Británica.

Contacto
Pide cita con la directora
Llamarnos o Escribirnos

Inglesa Nativa
Inglés como parte de nuestro día
Referente inglés permanente en aula

Charlas y Talleres
Eventos abiertos al público con
dtos especiales a nuestros padres

Ayudas y Bonos
Escoleta Autorizada Govern Balear y
parte de la red pública escolar

A continuación, te explico las mejores extensiones existentes, pero es bueno que siempre te mantengas atento con las novedades del buscador rey. Las puedes encontrar en la pestaña 'Anuncios y Extensiones' y 'Extensiones'.

Enlaces de sitio

Los enlaces de sitio, o *sitelinks* en inglés, te permitirán duplicar o triplicar tu espacio en los resultados de búsqueda, añadiendo debajo del anuncio principal, enlaces directos a otras páginas dentro de la web de destino.

Perfumeria hasta 80% dto - Perfumeria.com
Anuncio www.**perfumeria**.com/ ▼
La Tienda Online nº1 de **Perfumes**. Más de 15.000 Prod. y Envío Gratis
Entrega en 24 horas · Pruébanos

Perfumes de Mujer
Perfumes de Mujer
Perfumes Originales al mejor precio

Perfumes de Hombre
Perfumes Originales al mejor precio
Y hoy, Envío Gratis!

Los enlaces se mostrarán principalmente cuando tu anuncio aparezca en primera posición y no el 100% de las veces. Además, según la búsqueda y otras condiciones, estos podrían mostrar sólo el título del enlace del sitio (como el anterior anuncio mostrado de CREIX) y no junto a sus descripciones (como el ejemplo de Perfumería).

El límite de letras es diferente al de los anuncios normales. El título tendrá sólo 25 letras y dos líneas descriptivas de 35 caracteres cada una. Otra diferencia de los anuncios normales, es que estos no tendrán la dirección visible.

El destino final de estos enlaces tienen que ser obligatoriamente distintos entre ellos, y los puedes utilizar para productos u ofertas específicos, página de contacto, blog, etc.

Al igual que los anuncios, estos enlaces pueden ser pre-configurados para que se sirvan en móviles antes que en ordenadores, y es importante saberlo para evitar que tus enlaces se vean acortados cuando se muestren en pantallas más pequeñas. Así que para móviles, puedes limitarte a utilizar 15 caracteres por título y línea de descripción.

Texto destacado

Esta extensión te permite ganar una línea de espacio en tu anuncio mostrado. Puedes añadir características de tu producto o servicio ofertado sin ser enlazables, sólo texto.

Los textos destacados se mostrarán como palabras separadas por puntitos o guiones.

Puedes encontrarlo en la misma pestaña de 'Extensiones de anuncios', 'Extensiones de texto destacado'.

Teléfono

Recuerda que esta función es diferente a cuando creábamos una página en Google+, para que el teléfono de tu empresa salga en los resultados orgánicos de la derecha y las personas puedan llamarte con un clic.

Aquí estamos en la sección de pago, y esta extensión añadirá un botón de "Llamar" debajo de tu anuncio. Esto es muy importante si tu objetivo, por ejemplo, es que la gente busque por "reservar restaurante en Oviedo" y aparezca tu número con el botón de llamar ahora. Es una extensión perfecta para que aquellos que han buscado desde su móvil vean esa opción, es la ideal para clicar y hacer la reserva sin tener que navegar por más resultados o webs.

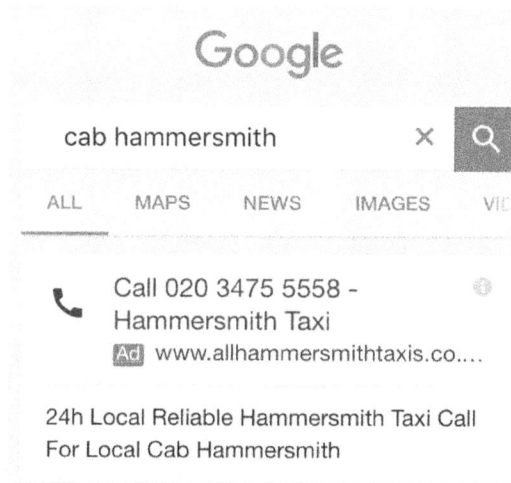

Puedes encontrar esta extensión en 'Extensiones de anuncio', 'Llamar.

Es importante programar la extensión del teléfono para que sólo esté disponible en un horario en el que puedas responder a las llamadas, y que sólo se muestre en dispositivos móviles. El teléfono y su horario te lo preguntará al crear la extensión, y podrás incluso configurar diferentes teléfonos a diferentes horas. Quizá puedas recibir llamadas en tu móvil cuando no estés en la oficina.

Número de teléfono nuevo   ✕

Número de teléfono   España   ▼

Ejemplo de número de teléfono: 810 12 34 56

Informes de llamadas   ● Sí   ○ No
              ?
                      Se creará una acción de conversión para realizar el
                      seguimiento de las conversiones de llamada. Más
                      información

Preferencia de   ☐ Móvil
dispositivo   ?

⊟ Avanzada

Fechas de inicio y de   [   ] - [   ]
finalización ?

Programación ?   Todos los días ⇕ 12 a.m. ⇕ : 00 ⇕ a 12 a.m. ⇕ : 00 ⇕ ✕

                  + Añadir

                  Mostrar reloj ● **12 horas**   ○ **24 horas**

                  Zona horaria Europe/Madrid (no se puede cambiar)

Crear informe de las   ✓ Contar las llamadas como conversiones de llamada telefónica
conversiones de
llamadas telefónicas ?   Acción de conversión **Llamadas desde anuncios** ⇕ Administrar acciones de conversión 🖾

[Guardar]   Cancelar

Ubicación geográfica

Esta extensión puede ser muy rápida y útil de usar si ya tienes creado un directorio en Google MyBusiness de todas tus tiendas, restaurantes, o donde sea que ofrezcas tu servicio. Sólo tendrás que enlazar las dos cuentas introduciendo tu email y contraseña en '+Extensión'.

Si, por el contrario, no lo tienes y sólo quieres crear una o pocas ubicaciones, también puedes hacerlo aquí manualmente.

Una vez activada, y cuando los usuarios busquen por tu servicio en alguna ciudad en donde tengas tus extensiones de lugares, aparecerá el anuncio de Google, y desde el móvil obtendrán direcciones de cómo llegar con un solo clic.

coches segunda mano madric
TODO   MAPS   SHOPPING   IMÁGENES

Coches Segunda Mano Madrid -
Canalcar es el Compra Venta Lider
Anuncio www.canalcar.es/

Mas de 100.000 Clientes Satisfechos
Coche a Cambio · Financiación 100%

Las Rozas · Camino del Tornillarón...

Feria Coches de Ocasión - Con Descuentos de hasta 6.000€
Anuncio www.ocasionplus.com/ofertas/feria ▾
Más de 900 coches con descuento .Sólo hasta el 7 de Noviembre!
Certificados SIN Golpes · Compramos tu Coche · Tasación online directa · 4 Tiendas en Madrid
Avda Juan Carlos I, 30, Collado Villalba · Cerrada ahora · Horario ▾

El inconveniente de esta extensión, es que los usuarios pueden clicar en el enlace del mapa (y tú pagas por el clic), pero esto los direcciona al mapa y no a tu web, por lo que puedes estar perdiendo la conversión esperando que este usuario te visite y llegue a ser un nuevo cliente. Sin embargo, es importante saberlo en términos de análisis del rendimiento de tus anuncios.

PALABRAS CLAVE Y CONCORDANCIAS

Las palabras clave son los detonantes de tus anuncios, las que se relacionarán con la búsqueda que realice el usuario mediante las palabras introducidas en Google y que teóricamente estarán relacionadas con tu web o negocio.

Puedes tener muchas y diferentes palabras clave, las cuales deberían agruparse en diferentes grupos de anuncios en las que todas las frases agrupadas tengan un significado parecido.

No es necesario considerar todas las combinaciones posibles que un usuario puede hacer en la casilla de búsqueda (básicamente porque podrían ser infinitas), basta que entendamos las diferentes concordancias de las palabras clave para cubrir un mayor número de posibilidades, como 'Exacta' o 'Amplia'. Aunque recuerda que como más exactas sean tus palabras clave a la búsqueda que se ha realizado, así como al anuncio y a la página final, más te premiará Google y menos pagarás por clic.

En el segundo capítulo de la Fase 1 ya vimos cómo usar la herramienta 'Planificador de palabras clave' de Google Ads, y aquí también te puede ser muy útil para elaborar una larga lista inicial de palabras clave que después podrás filtrar o ampliar según lo relevantes que sean a tu negocio.

Concordancia exacta

La concordancia exacta son las palabras en las que más tienes que centrar tu estrategia. Apostar con palabras exactas significa que tus anuncios sólo aparecerán cuando los usuarios pongan en la casilla de búsqueda exactamente la palabra clave, las mismas palabras y en el orden exacto.

Hay una casilla adicional donde puedes indicar si permitirás a Google considerar errores ortográficos o plurales como exactos o estrictamente diferentes.

Las palabras clave en concordancia exacta serán las palabras con mayor QS (puntuación de calidad o Quality Score), ya que deberían ser mucho más relevantes, tanto al texto utilizado en el anuncio como en la web de aterrizaje, y no contempla otra posible combinación de palabras que podrían ser menos relevantes.

Para indicar esta concordancia, Google utiliza los símbolos [ ].

Palabra clave	Búsquedas por las que tu anuncio se mostraría	Búsquedas por las que tu anuncio no se mostraría
[cursos de cocina]	cursos de cocina	Cursos cocina Cocina de cursos Cursos para cocinar mejor Cocina cursos Cursos y videos cocina Comprar cursos de cocina Cursos de cocina online Descargar cursos de cocina Videos y cursos de cocina gratis Cursos de cocina en Teruel

Concordancia amplia modificada

Es como la versión mejorada de la concordancia 'amplia', la cual puede ser demasiada genérica, ya que le das a Google mucha libertad en enseñar tu anuncio para muchísimas palabras o combinaciones fuera de tu control. Buscando por sólo algunas de las palabras, e incluso basta con ser similares, ya te disparará el anuncio, y quizá gastes bastantes clics con búsquedas que no fueron muy relevantes.

La versión 'modificada' consiste en poner un símbolo de suma '+' delante de las palabras que deben aparecer obligatoriamente en la búsqueda para que Google muestre tu anuncio, sino no lo mostrará. El símbolo + no tiene que estar en todas las palabras, ya que puede que algunas no sean tan necesarias como otras.

Palabra clave	Búsquedas por las que tu anuncio se mostraría	Búsquedas por las que tu anuncio no se mostraría
+Cursos baile +salón	**Cursos** de baile de **salón** **Cursos** de baile flamenco y **salón** **Salón** de **cursos** cocina **Curos salón** bailadores Castilla **Curso** particular en **salón** de casa	Cursos de baile Muebles de salón
+Cursos +baile +salón	**Cursos** de **baile** de **salón** **Curso salón baile** Los **cursos** de **baile** flamenco son mejores que **salón**	Cursos Baile Cursos Salón

Como ves, nos vamos acercando a unos posibles resultados cada vez más relacionados con nuestra actividad tan sólo diciéndole a Google qué palabras deben estar allí o no.

PALABRAS NEGATIVAS

Las palabras clave negativas son tan necesarias como las positivas mientras tengas palabras clave que no sólo sean exactas. Es decir, tanto las 'frase' como las amplias atraerán diferentes combinaciones de búsqueda que no habías ni imaginado en tu estrategia inicial.

Éstas indican a los buscadores como Google que si esa palabra negativa se encuentra en su barra de búsqueda no muestre tu anuncio.

Por ejemplo, imagínate que mucha gente busca por cursos online de cocina gratis, pero los que tú ofreces en tu página no son gratis, sino de pago por descarga.

Entonces todos aquellos usuarios que busquen cursos gratis y cliquen en tu anuncio tendrán una mala experiencia, ya que al ver el precio o el botón 'comprar', probablemente volverán a ir a Google a por el siguiente resultado. Así pues, añadiendo '-gratis' como negativa, te aseguras de que no aparezcas más por búsquedas con esa palabra.

Además, esta palabra es una obvia en la que ya habías pensado al diseñar tu estrategia, pero a medida que sigas optimizando descubrirás todas las posibles combinaciones de palabras que mostraron tus anuncios.

Es importante revisarlas frecuentemente y añadir palabras negativas clave cada vez que encuentres una irrelevante, cara o con un CTR bajo.

Por ejemplo, no me extrañaría que pudieras encontrar 'torrent' junto a tu palabra clave 'descargar cursos de photoshop' (para aquellos que no lo sepan, *torrent* es un sistema usado para la descarga gratuita y normalmente ilegal de contenido), por lo que esta palabra también deberá ser añadida en negativo '-torrent'.

Las palabras negativas pueden ser añadidas tanto a nivel de grupo de anuncio como a nivel de campaña, afectando a todas las positivas dentro de dichos niveles.

Si volvemos al ejemplo descrito en las palabras frase, ahora hemos añadido la negativa '-gratis':

Palabra clave	Búsquedas por las que tu anuncio se mostraría	Búsquedas por las que tu anuncio no se mostraría
"cursos de cocina" -gratis	Comprar cursos de cocina Cursos de cocina online Descargar cursos de cocina Cursos de cocina en Teruel	Cursos cocina Cursos para cocinar mejor Cocina cursos Cursos y videos cocina Videos y cursos de cocina gratis

Las negativas también pueden tener diferentes concordancias (amplia, frase o exacta) y te permiten ajustar la intención del usuario y su búsqueda a tus resultados.

Concordancias de palabras negativas

Negativas exacta: Sólo evitará mostrar tu anuncio de ese específico grupo de anuncios o campaña cuando la búsqueda realizada concuerde exactamente con la negativa.

Negativa	Tu anuncio aparecerá por:	No aparecerá por:

	Coches nuevos rojos	
-[coches nuevos]	Coches semi nuevos	Coches nuevos
	Coches segunda mano	
	Coche tapicería nueva	

Negativas amplia: Estas negativas bloquearán cualquier combinación de palabras que las contenga. Si hay más de una palabra como negativa (como el ejemplo siguiente: -coches nuevos), ambas palabras son bloqueadoras cuando ambas están en la búsqueda, aunque sin importar el orden.

Negativa	Tu anuncio aparecerá por	No aparecerá por:
-coches nuevos	Motos usadas Comprar vehículos	Coches nuevos rojos Coches nuevos Comprar coches nuevos Donde comprar coches nuevos baratos Coches semi nuevos Coche tapicería nueva Nuevos gps para coches

Te recomiendo crear una campaña por tipo de concordancia (todas las palabras clave amplias en la campaña 'amplia' o todas las exactas en la campaña 'exacta') para así evitar que el presupuesto diario de la campaña con las de concordancia amplia (más irrelevantes) canibalicen el presupuesto diario de las de concordancia exacta (más baratas y normalmente con mejores resultados).

Añade palabras negativas de diferente concordancia para dirigir el tráfico a la campaña que toque. Como se muestra en la siguiente tabla, cuando alguien busque por ese término exacto, Google elegirá la palabra de la campaña exacta, ya que en la de concordancia amplia está en negativa exacta, por lo que la bloquea.

Aunque si se busca por cualquier otra variación, Google mostrará la palabra de la campaña de concordancia amplia modificada y no perderás la oportunidad de aparecer.

Campaña	Ejemplos de palabras en ella	Negativas	Presupuesto diario
Alquiler-pisos_Exacta	[alquilar piso barato] [alquiler piso barato] [alquilar piso céntrico]		70€
Alquiler-pisos_AmpliaModif	+alquiler +piso +barato +alquiler +piso +céntrico +pagos +piso +m2	-[alquilar piso barato] -[alquiler piso barato] -[alquilar piso céntrico]	40€

TÉRMINOS DE BÚSQUEDA

Muchas veces nuestras palabras de concordancia amplia mostrarán nuestros anuncios por búsquedas que no son del todo relevante, y es nuestra tarea optimizar esas campañas para mantener su calidad y relevancia.

Google Ads nos ofrece ver todas las búsquedas reales que se han hecho detrás de esas palabras clave a través de la pestaña "Palabras clave" / "Resultados de búsqueda" / "ver detalles", pudiendo seleccionar sólo algunas de las palabras clave o todas.

Recomiendo ordenar todas esas búsquedas por número de impresiones generadas por la regla del 20/80%, la cual se refiere a que el 80% de los resultados vienen determinados por tan solo el 20% de las palabras clave. Así que, si optimizas las palabras o búsquedas que generan más impresiones, mejorarás el rendimiento total de la campaña fácilmente sin tener que perder en el resto de palabras que sólo generaron una impresión un día y quizá no vuelvan a ser buscadas.

Añade negativas

Detecta términos de búsqueda que han disparado nuestras palabras claves por su similitud, pero que de hecho son irrelevantes para nuestro producto. Una vez seleccionas esos términos, puedes añadirlos como palabras clave negativas en diferentes niveles según te convenga (en grupo de anuncios o campaña) clicando en 'añadir como palabra negativa'.

Por defecto se añadirán como negativas exactas, pero puedes editar los símbolos [ ] por frase " " o incluso de concordancia amplia dejando las palabras sin símbolos.

Todas las palabras clave excepto las retiradas ▾   Segmento ▾   Filtro ▾   Columnas ▾   ⊾   ⬇ ▾   Buscar palabras clave   Q   Ver mi historial de cambios

▣ Clics ▾   VS   Ninguno ▾   Diariamente ▾   Modificar las columnas...

Modificar las columnas

Seleccionar métricas | | Arrastrar y soltar para cambiar los elementos de posición

Rendimiento	››	seguimiento
Conversiones	››	Parámetro personal.
Atributos	››	Niv. calidad
Atribución	››	Puja est. primera página
Simulador de pujas	››	Puja estimada por la parte superior de la página
Valores de la competencia	››	Estimación de puja de primera posición
		Tipo de concordancia
		ID de palabra

Palabra clave	
Grupo de anuncios	
Estado	
CPC máx.	
Clics	✕
Impr.	✕
CTR	✕
CPC medio	✕
Estimación de puja de primera posición	✕
Puja estimada por la parte superior de la página	✕

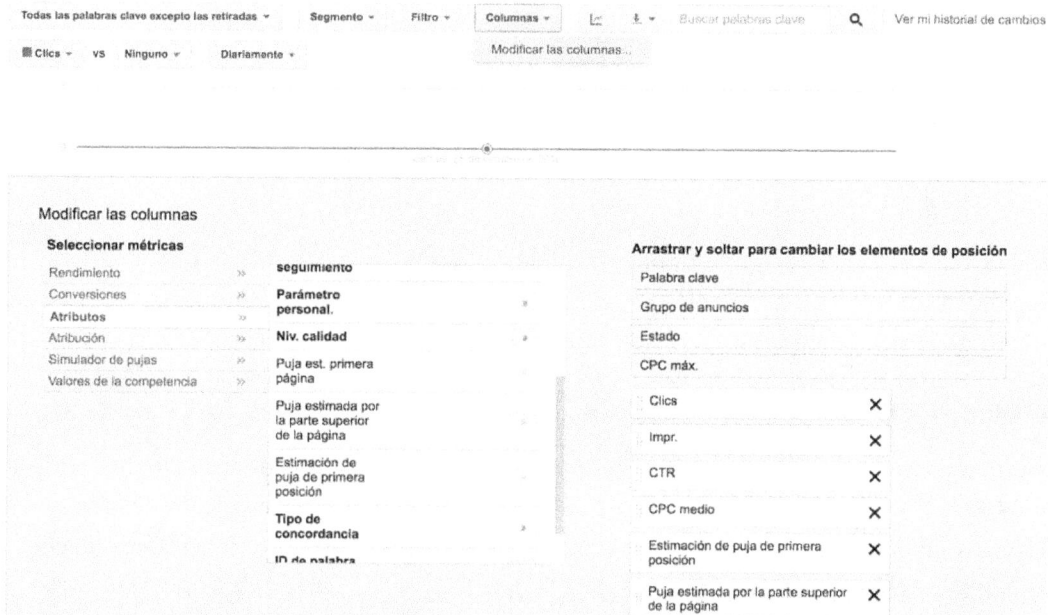

OPTIMIZA TUS CAMPAÑAS: REDUCE EL COSTE POR CLIC Y AUMENTA LA RELEVANCIA O CTR

La relevancia es lo que más prima en las campañas de PPC (Pay-per-clic), y Google hace pagar más a aquellos que intentan mostrar sus anuncios cuando ni su anuncio ni la página que ofrecen al usuario tiene mucho que ver con lo que esa persona ha buscado. Aún puedes mostrarlo, pero te será más caro.

Existen varios trucos para incrementar el CTR.

Incrementa la posición de tu anuncio

Está estadísticamente probado que sólo porque un anuncio esté en la segunda posición de los resultados, en lugar de la primera, reduce tu CTR en un 14%, y al bajar a la 3º, baja exponencialmente a un 33%. Ya no hace falta que siga con los anuncios que aparecen debajo del todo o si hablamos de los resultados en un móvil.

Explora tus palabras clave y conserva aquellas muy relevantes, las que sepas que cuando un usuario busca exactamente eso ya es un potencial cliente, y asegúrate de que en los últimos días se ha mostrado en una posición media alta. Si no, incrementa su puja (Max CPC) gradualmente hasta que veas que vas apoderándote de esa posición.

Si no tienes ni idea de a cuanto debería estar tu puja para alcanzar esa posición, puedes añadir columnas en tu plataforma y agregar la que muestra una sugerencia de a cuanto están las posiciones de arriba.

Ordena tus palabras clave por impresiones de nuevo y descubre cuáles están teniendo una posición media baja cada vez que se han mostrado e intenta mejorarlas. Como mayor sea el número de impresiones, más estará afectando a la posición media de la palabra clave.

Cambia el anuncio

Para incrementar el CTR, es importante que cada vez que muestres tu anuncio éste tenga altas probabilidades de ser clicado. Sólo tienes una oportunidad para atrapar a ese usuario, el cual podría ser un gran consumidor por largo plazo. Suena genial, ¿no? Pues imagínate que clica a tu competidor. Mejora tu anuncio y no le dejes escapar.

Tienes que testear constantemente diferentes anuncios. No asumas que muestras los mejores mensajes. Quizá sea el mejor mensaje para ti, pero no para la mayoría. Yo tampoco sé la receta mágica, pero a continuación verás algunas recomendaciones para que un usuario, en 3 segundos, decida clicar en el tuyo y no el del vecino:

- Utiliza todo el número de caracteres disponible para ocupar el mayor espacio visual de la pantalla de resultados. 30 para el título 1, 30 para el título 2, y 80 para la descripción larga, además de 2 partes de URL que aparecerán en verde. Así podrás indicar a tus usuarios a dónde irán a parar.
- Empieza por mayúscula aquellas palabras importantes para que sean leídas con más facilidad.
- Utiliza números cuando puedas, ya que llaman la atención y son leídos y entendidos con mayor facilidad que las palabras.
- Llamada a la acción: Asiste al usuario en qué es lo que tiene que hacer a continuación para motivar su clic. Ej. "Pedir cita", "Contacte ahora", "Compra barato ahora".
- Adapta los anuncios tanto como puedas a las palabras que hay detrás para conseguir que éstas se marquen en negrita al coincidir el texto de tu anuncio con la búsqueda realizada.

- Utiliza la URL mostrada en verde para añadir alguna palabra clave más relacionada con la búsqueda.

Mejorando el coste por clic (CPC)

Esta vez estás tratando de reducir el coste de esa palabra, pero como decía antes, su coste viene reflejado con la media de todos los costes de sus términos de búsqueda que ahora puedes ver.

Filtra por clics para determinar qué término trae mucho tráfico a tu web a un precio por clic (CPC) muy alto, y evalúa si esa búsqueda es lo suficientemente relevante o no para tu negocio para tener que pagar tanto por ella. Si no, exclúyela como negativa, y como he dicho en el punto anterior, si es una buena búsqueda, entonces añádela como positiva y trátala diferente.

TRABAJA OFFLINE: GOOGLE ADS EDITOR

Google Ads te ofrece una herramienta muy potente y gratuita que te permite descargarte tus cuentas de Google Ads en tu software para trabajar en ellas offline y hacer más cambios a muchos elementos de una forma más sencilla y rápida.

Todo lo que hagas en ella no se verá reflejado en las campañas activas hasta que publiques tus cambios de nuevo. Mediante esta forma de trabajar, te aseguras que cambias muchas cosas de las campañas. Para descargarte la plataforma, ve a: https://ads.google.com/intl/en_sa/home/tools/ads-editor/ y sigue los pasos de instalación.

Una vez descargado, ve a 'cuentas' / 'añadir' y te pedirá que entres con tus credenciales de Google Ads. A continuación, verás un listado completo de todas las cuentas a las que tienes acceso. Selecciona la que quieres manipular y descárgala.

La distribución de elementos en el panel es muy sencilla y te acostumbrarás muy rápido. En el lateral izquierdo superior verás el listado de campañas y grupos de anuncios (al desplegarlos con la flechita), y en la inferior podrás seleccionar lo que quieres que se muestre de ellas en la gran área de la derecha: las palabras clave, las negativas, anuncios, extensiones de anuncio, etc.

Como se ve en la captura de pantalla, puedes trabajar offline con todo tipo de campañas que tengas online, como Búsqueda, Display, Remarketing o PLAs.

Al seleccionar una palabra, anuncio o cualquier otro elemento, éste será editable y podrás cambiarle el tipo de concordancia, la máxima apuesta (CPC máx.), estado, URL de destino, entre muchas otras características.

Para aplicar cambios en bloque, primero tienes que visualizar todo lo que quieres ver en la pantalla principal, después seleccionas todo y aplicas el cambio. Para llegar a visualizar todo lo que quieres ver, es muy importante que te familiarices con la barra de búsqueda o filtraje arriba del todo.

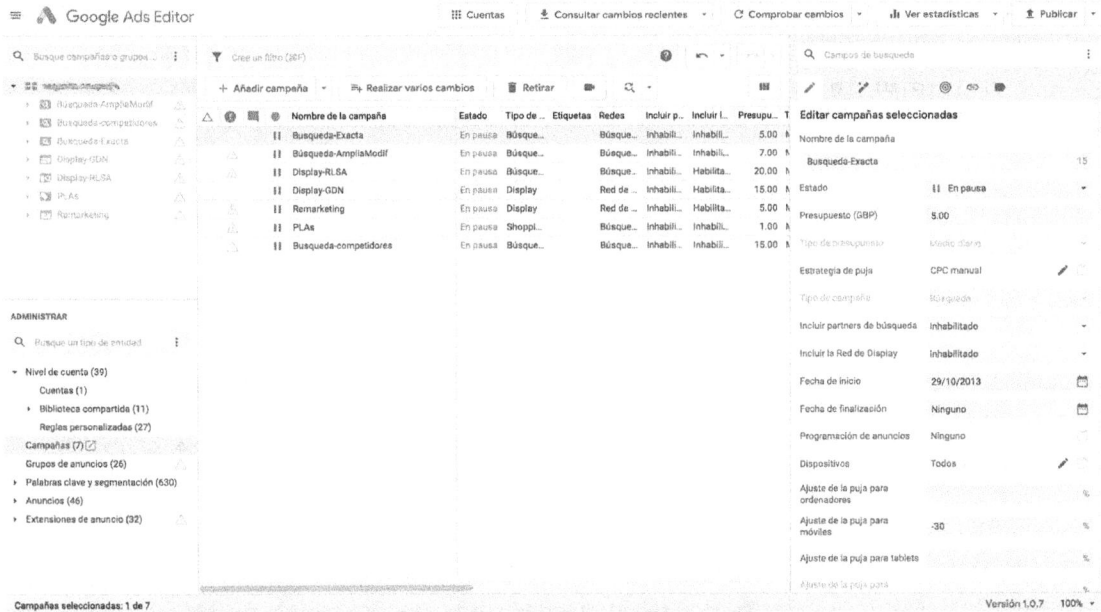

Si te gusta más la plataforma online para hacer optimizaciones, ya que puedes ver todos los datos de análisis como posiciones, impresiones, clics u otros, recuerda que aquí también lo puedes hacer a través del botón 'Estadísticas' en el menú superior, pudiendo seleccionar el rango de tiempo del que quieres visualizar y descargar esos datos.

No olvides clicar en 'Publicar' para hacer efectivos tus cambios.

24. PUBLICIDAD EN GOOGLE DISPLAY NETWORK (GDN)

La publicidad en GDN es la manera de anunciarte a través de websites relevantes para tu producto mostrando tu anuncio, el cual cuanto más visual y atractivo sea, mayor número de clics conseguirá.

Las webs que pueden mostrar tu publicidad (o las de otros anunciantes) son aquellas que se han apuntado como participantes al programa Adsense de Google (en donde podrías apuntarte tú mismo para generar algunos euros como te expliqué en la Fase 1) y han colocado espacios específicos repartidos por su web.

El siguiente ejemplo muestra mi visita a una web de coches, autocasión.com, en la que puedes ver el anuncio que Google ha elegido para enseñarme en el espacio de la derecha que esta web ha reservado para mostrar anuncios.

Ofertas de segunda mano

MERCEDES-BENZ Clase SL 55 AMG
28.000 €
Vizcaya - 136000 km - 2004
Calcula tu seguro

PEUGEOT 807 2.0HDI FAP Premium...
13.280 €
Vizcaya - 88382 km - 2010
Calcula tu seguro

MERCEDES-BENZ CLASE C 220 D 7G...
34.900 €
Burgos - 16007 km - 2015
Calcula tu seguro

Ver todos los coches de segunda mano

Más de 50.000 anuncios de segunda mano

En Autocasión tenemos el coche de segunda mano que te interesa. Encuéntralo fácilmente entre los más de 50.000 anuncios de coches de segunda mano publicados por nuestros anunciantes profesionales y particulares. Estamos seguros de que con nuestras eficaces herramientas de búsqueda encontrarás tu coche ideal de forma sencilla y rápida.

Además, en Autocasión te damos la posibilidad de anunciar gratis tu coche de segunda mano

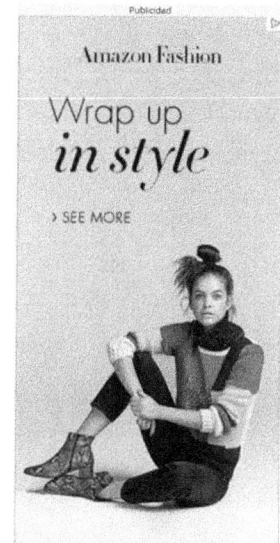

Si tú visitas esa web, verás un anuncio totalmente diferente, y puede estar relacionado con coches o algo más específicamente afín a ti según tus visitas a previas a webs o los intereses que Google conoce de ti.

Yo había visitado la web de Amazon previamente y me han hecho "remarketing", lo cual también aprenderemos a hacerlo en esta Fase.

En Google Ads crearás estos anuncios para ser mostrados en otras webs, e incluso si no tienes las habilidades de diseño para crear bonitos banners como el anterior, también podrás colocar anuncios con texto e imágenes creadas dinámicamente en la misma plataforma.

También podrás decidir en qué webs querrías mostrarlo, así como el sistema de puja que preferirías, ya que aquí tienes otra opción aparte del CPC (coste por clic), que es el CPM (coste por miles de impresiones). Tu elección dependerá de por qué prefieres pagar, por visitas a tu web (CPC) o para que se muestre el máximo de veces posibles independientemente de que cliquen o no (CPM).

Yo siempre prefiero configurar la campaña de Display al modelo normal de CPC, ya que si la gente ve mi anuncio, pero no clica, no me aporta nada. Pero hay muchas otras marcas que lo que buscan es conseguir que el mayor número de personas vean su logo o su nuevo producto, así que al final depende de tu estrategia.

Como ves en el siguiente menú al crear una campaña, puedes seleccionar una que tenga funciones para anunciarse en la búsqueda de Google, así como en Display. Sin embargo, recomiendo tener las campañas de búsqueda y Display separadas, y trabajar en ese canal exclusivamente, ya que pronto te darás cuenta de que operan de una forma muy diferente tanto en rendimiento como en coste.

Selecciona un tipo de campaña ⑦

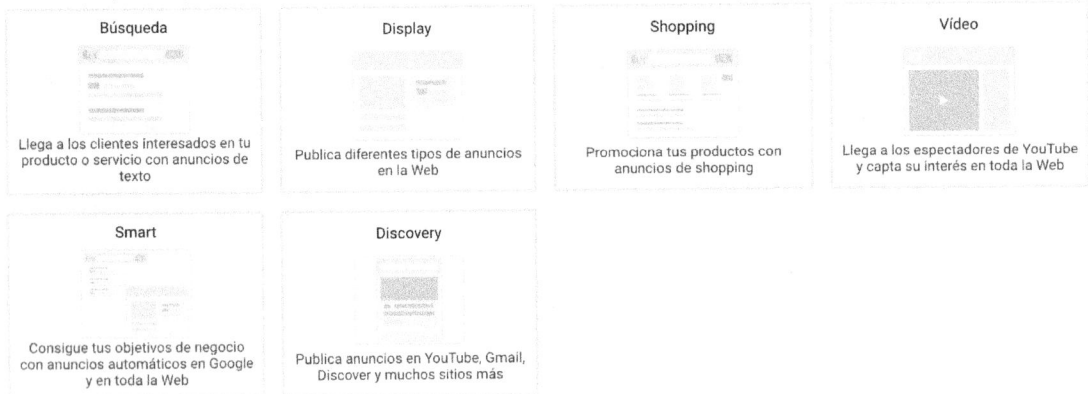

Búsqueda	Display	Shopping	Vídeo
Llega a los clientes interesados en tu producto o servicio con anuncios de texto	Publica diferentes tipos de anuncios en la Web	Promociona tus productos con anuncios de shopping	Llega a los espectadores de YouTube y capta su interés en toda la Web

Smart	Discovery
Consigue tus objetivos de negocio con anuncios automáticos en Google y en toda la Web	Publica anuncios en YouTube, Gmail, Discover y muchos sitios más

El presupuesto diario que pongas a las campañas de Display será gastado completamente, ya que el inventario de webs donde Google puede mostrar tu anuncio es muy grande. Además, podría enseñar tu anuncio varias veces a la misma persona en webs diferentes, así que asegúrate de controlar este gasto bien de cerca.

Si es tu primera campaña, podrías ver una guía como la siguiente, donde configuras cuál es tu objetivo. Como te dije antes, estos podrían conseguir impresiones (notoriedad con CMP) o generar acciones (ventas y envíos de formulario con CPC).

Objetivo de marketing

Ahorre tiempo y cree campañas mejores eligiendo un objetivo de marketing. Más información   Ayudarme a elegir 🗩

⊙ Conseguir notoriedad	◆ Influir en la consideración	⊟ Generar acciones
DIRIGIR A LOS CLIENTES A:	DIRIGIR A LOS CLIENTES A:	DIRIGIR A LOS CLIENTES A:
☐ Ver el anuncio	☐ Interactuar con el contenido	☐ Comprar en el sitio web (incluye remarketing)
	☐ Visitar su sitio web	☐ Realizar una acción en el sitio web (por ejemplo, rellenar un formulario)
		☐ Llamar a su empresa
		☐ Visitar su empresa
		☐ Instalar la aplicación móvil
		☐ Interactuar con la aplicación móvil

Una vez creada la campaña deberás seleccionar la segmentación y los anuncios que se mostrarán en las webs, los cuales puedes crear formatos muy interesantes con la ayuda de Google sin apenas recursos. Selecciona '+Anuncio' para ver el desplegable de posibilidades.

- Anuncio adaptable: te permite crear formatos muy interesantes a partir de un anuncio de texto normal con sus títulos y descripciones, además de una imagen y logo que permitirá a Google 'adaptarlo' a diferentes webs y formatos automáticamente, como las muestras que ves a continuación después de haber creado uno nuevo muy rápidamente.

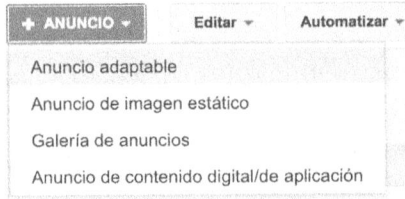

- **Anuncios de imagen estático:** si cuentas con habilidades gráficas o conoces / contratas a alguien que las tenga, entonces podrás colocar cualquier visual elaborado como el ejemplo que viste anteriormente de Amazon.

- **Galería de anuncios:** Tendrás diferentes plantillas que te permitirán crear rápidamente anuncios dinámicos en Gmail, YouTube, entre otros, que conseguirán una mayor atención de los visitantes al tener movimiento.

Anuncios dinámicos

Anuncios lightbox

Anuncios de vídeo

Anuncios genéricos

Anuncios de Gmail

-**Anuncio de contenido digital o de aplicación:** Formatos para aquellos que quieren anunciarse más nativamente en los móviles, y esencialmente conseguir más descargas de la app que promociona.

Configura donde se mostrarán tus anuncios

Con la campaña configurada y los anuncios creados, sólo tendrás que decidir cómo, a quién y dónde servirás tus anuncios. Crea una nueva '+Segmentación' y selecciona uno de las descritas a continuación.

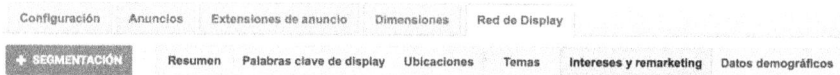

- Intereses y remarketing: Audiencias afines y en el mercado: puedes sugerir en qué categorías o intereses podría encontrarse tu público. Algunos ejemplos son amantes o aficionados a la decoración, viajes, bricolaje, deporte, entre muchos otros, y con sub-apartados más específicos. Selecciona los más relevantes y rápidamente verás el tamaño del volumen de impresiones que podrás conseguir.

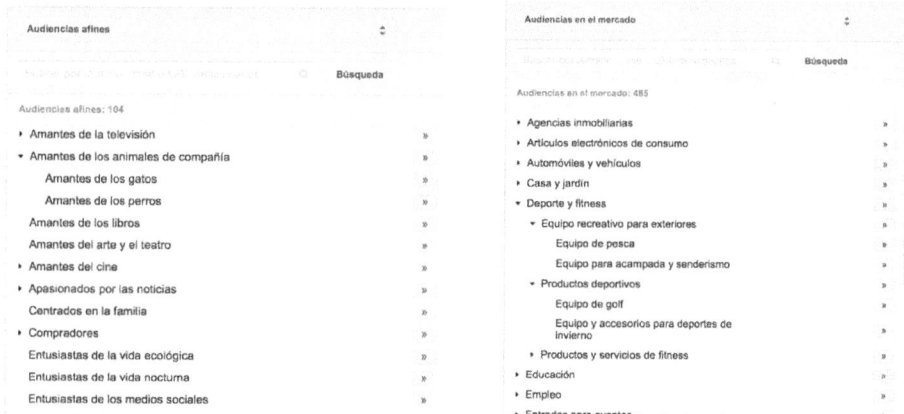

- Palabras clave: Muchas veces seleccionando sólo sobre categorías específicas podrías perder oportunidades, pero con las palabras clave vas más allá, guías a Google alrededor de qué palabras clave del contenido quieres aparecer.

155

Imagina que vendes bicicletas y en las categorías no seleccionaste (o incluso excluiste) aparecer en webs sobre restaurantes u hostelería, pero resulta que una web guía de los restaurantes de tu ciudad publica un blog sobre la ruta de tapas que podrías hacer un domingo con tu bicicleta, dónde aparcarla, etc.

Quizá sí sería un buen sitio en el que aparecer, ¿verdad? Y si has incluido palabras clave de bicicletas (y no hayas excluido la categoría de restaurantes), entonces aparecerás.

Ve a la pestaña 'Palabras clave' y añade los términos más relevantes para dar un poco más de contexto a tu anuncio, y asegurarte de que se te relaciona con un contenido relevante.

- Demográficos: Esta configuración tiene más en cuenta a los usuarios que visitan las webs más que el contenido de la web en sí. Google Ads y Analytics conocen mucha información sobre los usuarios gracias a que muchos de nosotros usamos sus plataformas (Google, Gmail, etc) normalmente con nuestras sesiones abiertas.

Datos demográficos

Seleccione los grupos demográficos a los que quiere llegar:

SEXO	EDAD	ESTADO PARENTAL
✓ Hombre	✓ 18-24	✓ Con hijos
✓ Mujer	✓ 25-34	✓ Sin hijos
✓ Desconocido ?	✓ 35-44	✓ Desconocido ?
	✓ 45-54	
	✓ 55-64	
	✓ 65 o mayor	
	✓ Desconocido ?	

Con esta configuración te podrás enfocar en diferentes grupos de edades o género. Muy útil si tus productos están dedicados a los más jóvenes que tengan mayor rapidez de adaptación a tu nueva app o tecnología.

- Ubicaciones: introduce manualmente todas las direcciones webs en las que quieres aparecer. Pueden ser a nivel de dominio o incluso páginas específicas dentro de él, como secciones más relevantes a tu producto.

- Temas: A diferencia de la categoría de audiencias e intereses descrita anteriormente, la cual se centraba más en los datos que Google conoce sobre los usuarios, en Temas podrás seleccionar el contexto y contenido de las webs en las que te quieres mostrar. El ejemplo trata sobre una persona interesada en deportes, el anuncio se mostrará en webs relacionadas con deportes sin importar quién las visita.

Si tienes varias de las configuraciones mencionadas anteriormente en el mismo grupo de anuncio, estos actuarán a modo de 'AND' o 'Y'. Es decir, sólo aparecerá tu anuncio cuando las dos se cumplan: si tienes una palabra clave Y cierta categoría.

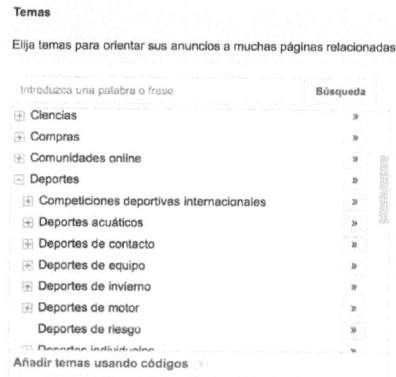

Temas

Elija temas para orientar sus anuncios a muchas páginas relacionadas

Introduzca una palabra o frase	Búsqueda
⊞ Ciencias	»
⊞ Compras	»
⊞ Comunidades online	»
⊟ Deportes	»
⊞ Competiciones deportivas internacionales	»
⊞ Deportes acuáticos	»
⊞ Deportes de contacto	»
⊞ Deportes de equipo	»
⊞ Deportes de invierno	»
⊞ Deportes de motor	»
Deportes de riesgo	»
Deportes individuales	»

Añadir temas usando códigos

Además, así como las palabras clave en las campañas de búsqueda, estas configuraciones pueden ser negativas, es decir, podrías excluir ciertas categorías, grupos demográficos o webs en concreto para asegurarte de que Google no te muestra allí.

PUBLICIDAD EN GMAIL

La proposición de Google en su servidor de correo es muy interesante por su opción de servir anuncios a todos aquellos usuarios que contengan un correo de algún dominio específico que te interese. Pueden ser tus propios correos, por lo que sabes que son tus clientes y quieres venderles algo más, o correos de tus competidores o empresas relacionadas con tu servicio, por lo que asumes que si tienen un correo de la empresa @airbnb.es, entonces si eres un hotel o cadena hotelera te interesa mucho reconquistar a esos viajeros que han encontrado un método alternativo al tuyo, y puedes ofrecerles mejores ofertas.

Una vez estás familiarizado con Google Ads, crear una campaña en Gmail es muy sencillo. Es como crear una campaña de Discovery (Google Display Network, YouTube o Gmail), pero seleccionando un formato de anuncio particular. En la pestaña de "Discovery", clica en "+Anuncio" para crear uno nuevo que puede ser mostrado tanto en YouTube como en Gmail.

Se desplegarán varias plantillas que puedes usar, unas más sencillas con sólo una imagen o código HTML que puede ser lo que quieras, u otros formatos con títulos, descripciones y botones. El ejemplo muestra la configuración para un anuncio de una oferta de matriculación de la guardería Koala.

Cuando los usuarios estén en su Gmail, verán dos emails que son promocionales, y el tuyo lucirá como se mostraba arriba el 'Collapsed ad', con su pequeño logo, título y descripción. Una vez cliquen y muestren interés, se desplegará tu anuncio completo en el que puedes informarles de tu producto sin que tengan que dirigirse a otra parte para leer más.

25. PUBLICIDAD EN YOUTUBE

YouTube es el segundo mayor buscador del mundo después de Google. Un canal fantástico si te interesa promocionar tu video o anunciarte encima de videos con un contenido específico y relevante para tu audiencia clave. Por ejemplo, si vendes productos de cocina, podrías elegir mostrarte encima de videos sobre recetas.

También es muy interesante si tu objetivo es que el video promocional de tu negocio obtenga una mayor exposición y número de vistas, aunque sea sólo para eso. No inviertas en YouTube si tu objetivo final es que aterricen en una página de tu web para realizar una compra.

YouTube sirve para la promoción de una marca nueva o de un nuevo producto que podría ser difícil de explicar con texto o con una imagen con pocos segundos de atención. Ahí es cuando un video bien elaborado, de calidad, conciso y con unos 5 primeros segundos muy estratégicos puede funcionar.

Existen diferentes formatos para anunciarse en YouTube. Puedes ver el listado más actualizado en: https://support.Google.com/youtube/answer/2467968?hl=es

Los más populares son el 'Bumper', el cual muestra un vídeo de 6 segundos como máximo antes, durante o después de otro video que los usuarios están mirando y que no se puede saltar. O el TrueView, para reproducir tu video entero, pero con la opción de saltarlo después de 5 segundos. En este caso no pagas.

Cómo hacer papas rellenas de carne asada - Recetas de cocina -

Para crear un anuncio en YouTube, dirígete a Google Ads y crea una nueva campaña de tipo video con una configuración un poco diferente, ya que el coste no es por clic sino por veces visto (CPV), y el formato de video que podrás elegir será bumper o in-stream / discovery para promocionar tu video.

Después de configurar la campaña, te solicitará directamente lo que necesita para crear un anuncio, como la dirección del video de YouTube y la apuesta máxima para conseguir reproducciones.

Pero si quieres hacerlo más tarde o cuando quieras crear un segundo anuncio usando otro de tus videos, accede a 'Anuncios' y '+Añadir anuncio', seleccionando el video de YouTube que quieres promocionar. Puedes buscarlo en la barra de búsqueda o pegar la URL del video.

Puedes personalizar el look de tu anuncio con diferentes opciones seleccionando un banner de tu marca que acompañe al video, así como una dirección más amigable que la URL final donde aterrizarán los usuarios.

26. PUBLICIDAD CON PLA'S (SHOPPING ADS)

Estas extensiones de anuncio son increíblemente útiles si tienes una tienda electrónica. PLA viene de sus siglas en inglés: Product Listing Ads.

Consisten en los resultados que se muestran arriba de Google cuando buscas un producto que se vende online a través de Ecommerces, lo que significa que los anuncios normales ya aparecerán debajo de ellos en una posición más reducida, como se muestra en la imagen:

Al igual que una web, no importa lo atractiva que sea tu tienda si nadie la visita ni genera nuevos clientes que gasten en ella que puedan producirte más ventas e ingresos.

Con los anuncios de Google Ads tipo *Shopping* mostrarás tu producto con su precio, modelo y fabricante, junto a productos similares de la competencia. O dicho de otro modo, tú también estarás allí cuando tus competidores vendan online.

Para crear una campaña, accede a Google Ads, y con el menú desplegable de '+Campaña' selecciona Shopping.

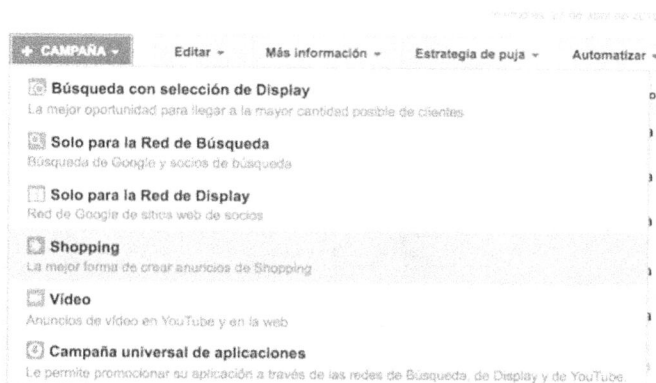

Te pedirá una configuración estándar de campaña, pero lo más importante es que tengas la cuenta de Google Ads enlazada a donde tendrás que crear el inventario de productos mediante otra plataforma de Google llamada Google Merchant Center (GMC: https://www.google.es/retail/solutions/merchant-center/).

Si aún no la tienes una cuenta creada con tus productos, tendrás que hacer un paso previo. Accede a GMC y regístrate con la misma cuenta de Google, e introduce la información que te solicita sobre tu negocio.

Crea tu inventario yendo a 'Feeds' y 'Añadir'. Es interesante ver que no puedes crear los productos manualmente, sino que Google quiere que GMC esté enlazado a algo que pueda ser actualizado online, como Google Sheets u otra manera online. Por ejemplo, usando el plugin de WordPress para enlazar tu Woocommerce con GMC y que se transfiera todo el inventario.

Si has seleccionado a través de Google Sheets, GMC te creará una hoja de cálculo con 3 pestañas: la primera con toda la información que será leída por GMC, como las columnas de ID, título, descripción, estado, precio, disponibilidad, imagen, entre otros. La segunda y tercera pestaña serán de ayuda con instrucciones y ejemplos para que sepas configurarlo.

Básicamente, cuando tengas tu inventario enlazado con GMC, y éste con Google Ads, bastará con que actualices el precio o datos en el primero para que se vean los cambios efectivos en los anuncios finales.

Como te muestra la imagen, no te olvides de ir a la configuración de la esquina y seleccionar 'Enlazar cuentas (o account linking)' para que se transfiera la información a Google Ads.

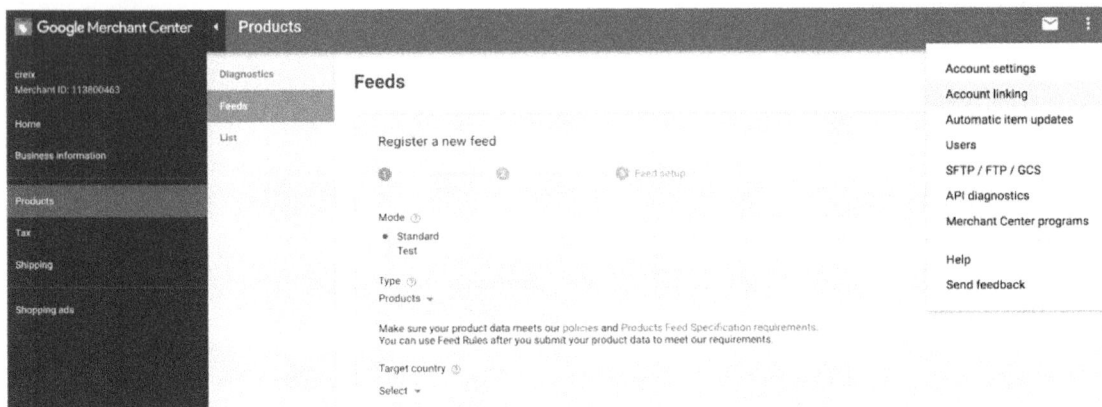

27. PUBLICIDAD EN FACEBOOK & INSTAGRAM

Facebook puede ser una herramienta de publicidad muy potente y cada vez lo será más, ya que la empresa americana ha hecho muy buenos movimientos en sus últimos años para adquirir una inmensa base de datos de usuarios, además de que conoce muchos detalles sobre ellos, por ejemplo, con las adquisiciones de Instagram o WhatsApp.

Seguro que has notado que cuando estás mirando Facebook en tu aplicación del móvil, aparecen muchas publicaciones que no son de amigos con un pequeño escrito que pone 'Promocionado', 'Sugerida' o 'Sponsored'.

Una de las mayores ventajas de Facebook es su capacidad de anunciarte a personas seleccionadas según sus gustos, su género, su edad, donde viven, o a los fans de páginas similares o contenido en sus publicaciones, e incluso sus conversaciones privadas en WhatsApp.

Por ejemplo, si vendes perfumes online, puedes asegurarte de que se mostrará tu anuncio a mujeres de entre 25- 55 años que les gusta la moda, siguen a *Vogue*, y que viven en ciertas localidades del país que ha detectado tener el mayor número de visitas de tu web, o por el contrario, donde necesitas un poco de ayuda para alcanzar tu meta de ventas.

Tu objetivo también puede ser incrementar el número de fans de tu página de Facebook para futuras promociones, ofertas u otras noticias que quieres publicar en tu página de Facebook, por lo que quieres llegar a cada vez más gente. Te recomendaría que analices esa meta o final del camino, ya que si los fans no te proporcionan ingresos en el medio o largo plazo a través de la página de Facebook, entonces tienes que reconsiderar si vale la pena invertir mucho en esta opción.

Las campañas en Facebook son muy efectivas si tu público está en el móvil (el 90% del trafico de Facebook viene desde móviles), y obviamente tu página web también debe estar adaptada a diferentes pantallas. Además, es perfecto para promocionar una app, ya que con sólo 2 clics podrán descargársela.

El coste de las publicaciones promocionadas en Facebook también varían según la competencia que intente mostrar a la misma audiencia que tú y del formato de anuncio que elijas: Las noticias promocionadas que pasarán entre las publicaciones de sus amigos son más caras que los pequeños anuncios de la derecha.

También es muy interesarte anunciarte en redes sociales si ya tienes hecho un trabajo previo en ellas, es decir, si ya cuentas con un cierto número de seguidores o fans. El uso de anuncios en las redes sociales se basa en el mismo principio que el punto anterior, sólo que en este caso ya tienes una audiencia con cierto interés en tu empresa. Ya están interesados en tus novedades, noticias, ofertas, promociones, imágenes, etc.

Además, con una buena base de seguidores y fans conseguirás una expansión mayor a tu publicación promocionada, ya que también llegará a todos ellos, y si la comparten en sus muros, estarás consiguiendo una expansión gratuita de la misma.

Los últimos estudios revelan que los usuarios consumen muchos más videos promocionados en Facebook que tienen el *autoplay* y aparecen sin volumen que los intrusivos de YouTube interpuestos delante de un video que tienes interés en ver, en donde sólo esperas poder pasar el anuncio para ver tu vídeo. Así que siempre pienso en este canal para hacer llegar mis videos a mi audiencia. Considera añadir subtítulos a los videos para aquellos que no activen el sonido y lo vean en silencio, quizá tu historia sin palabras no transmite nada y no quieres perder sus segundos de atención.

PUBLICIDAD EN INSTAGRAM

Lo principal que debes saber sobre Instagram es que está pensado únicamente para móviles. También puedes ver imágenes desde un ordenador, pero sin ninguna otra característica.

Desde que Facebook adquirió Instagram lo ha convertido en una nueva plataforma ideal para las empresas y su publicidad online, y tal como hace su hermana azul, su principal estrategia está basada en móviles.

Si pensamos en por qué seguimos a las marcas en las redes sociales, descubriremos que se trata de "expectativas". Las seguimos porque conocemos su contenido habitual e intuimos qué puede ser lo próximo, como imágenes sobre comida, paisajes, clientes vistiendo su ropa, etc.

La audiencia de Instagram es más bien joven, aunque simplemente porque han sido los primeros en adoptarlo en su día a día, y cada vez más gente de segunda edad lo utiliza.

Instagram ofrece una variedad de formatos publicitarios muy interesantes como los de Facebook, tal como imágenes con un enlace a tu página web o incluso videos que pueden incrementar considerablemente el ratio de interacción con la marca a través de comentarios o 'me gusta'.

Uno de mis formatos preferidos, tanto en Facebook como en Instagram, es el carrusel de imágenes, ya que permite contar una historia a modo de imágenes y utilizar la última como una llamada a la acción.

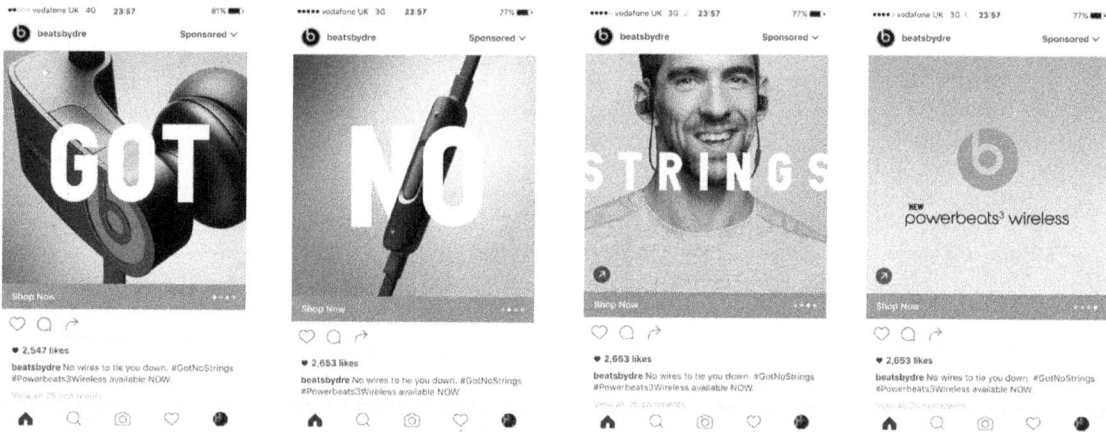

Algunos errores que hacen las marcas al publicar imágenes es evitar mostrar la marca junto al producto o en su uso para evitar ser muy intrusivos, pero es importante mostrar el logo sutilmente o algo que lo relacione en sus subconscientes, ya que sino no tendrás ningún impacto en tu potencial cliente.

Las campañas de publicidad en Instagram son facilísimas de configurar si has entendido la explicación anterior sobre Facebook, ya que para anunciarte en Instagram no tendrás más que preparar tu campaña de publicidad en Facebook y seleccionar Instagram en la configuración de canales en donde se mostrará el anuncio (entre las noticias, derecha, Instagram, etc.)

CREAR UNA CAMPAÑA DE PUBLICIDAD EN FACEBOOK & INSTAGRAM

Facebook, maestros en experiencia de los usuarios, es probablemente una de las plataformas más sencillas de lanzar campañas de publicidad para gente sin experiencia en marketing con tan solo clicar en el botón de 'Promocionar' debajo de cada post de tu página, pudiendo gastar pocos euros a modo de inversión, y con una selección básica del público al que quieres alcanzar. Pero aquí te mostraré cómo crear campañas más profesionales y con más opciones, como configurar para que sólo se muestre en móviles o en ordenadores según lo que busques conseguir.

Dirígete a la flechita de configuración de tu Facebook (esquina superior derecha) y selecciona 'Publicidad en Facebook', o 'Administrar mis anuncios' si ya creaste. A la izquierda de la interface verás un listado a modo de navegación y pasos.

Selecciona el objetivo de tu campaña entre estas posibilidades según la que más te convenga. *Tráfico* es uno de los más comunes, que consiste en conseguir clics a tu web, aunque también te puedes orientar en conseguir visibilidad (impresiones), interacciones (me gustas y comentarios), vídeos, o directamente ventas. Según lo que elijas, Facebook te preguntará unas cosas u otras.

Público

En la sección público podrás seleccionar las personas a las que quieres mostrar tu anuncio, en qué país están, edades, géneros, intereses y si quieres mostrar tu publicidad a ciertos fans de otras páginas o intereses.

Ubicaciones

Configura en qué dispositivos y partes de Facebook o Instagram quieres mostrar tu anuncio. Yo suelo enfocarme en los dispositivos móviles, o si selecciono ordenadores excluyo mostrar mi anuncio a la derecha, ya que son mucho menos efectivos y destacan más como anuncios y no como noticias camufladas.

Ubicaciones
Muestra tus anuncios a las personas adecuadas en los lugares correctos.

Ubicaciones automáticas (recomendado)
Tus anuncios se mostrarán automáticamente a tu público en los lugares en los que tengan más posibilidades de rendir bien. Para conseguir este objetivo, se puede incluir Facebook, Instagram y Audience Network, en las ubicaciones Más información.

● **Editar ubicaciones**
Al eliminar las ubicaciones es posible que se reduzca el número de personas a las que llegas y, por tanto, será menos probable que alcances tus objetivos. Más información.

Tipos de dispositivo	Solo móvil ▾	
Plataformas ▾	Facebook	–
	Noticias	✓
	Columna derecha	No válida
	Instagram	✓
	Audience Network	☐

OPCIONES AVANZADAS

Dispositivos móviles y sistemas operativos específicos	Todos los dispositivos móviles ▾
	Solo cuando te conectes a Wi-Fi

Excluir categorías para Audience Network
Aplicar listas de bloqueos para Audience Network

Anuncio

Facebook ofrece una gran variedad de formatos visuales para capturar la mayor atención de tus posibles usuarios. Piensa en la historia que quieres contar, y de los sugeridos, piensa cuál podría encajar más con las imágenes que tienes. Prueba diferentes y saca tus propias conclusiones.

Configura el presupuesto y la dirección del tráfico, y estarás listo para lanzar tu primera campaña en Facebook. Como ves, es mucho más simple e intuitiva que Google Ads.

Cuando vuelvas a ingresar a administrar tus anuncios, obtendrás gran información detallada sobre el rendimiento de tus anuncios: cuándo, desde dónde, quién y cómo interactuó con tu anuncio y página.

28. PUBLICIDAD EN TWITTER

El diferenciador de Twitter respecto a otras redes sociales, es su importancia en tiempo real. La publicidad en Twitter es ideal cuando estás interesado en promocionar tweets sobre acontecimientos que están próximos o están pasando, como una conferencia en la que tu empresa presenta, o promocionar el lanzamiento de un nuevo producto.

Probablemente Twitter cuente con el menor tiempo de reacción de los usuarios comparado a otras plataformas, ya que un tweet de 140 caracteres pasará muy rápido por la pantalla de los usuarios (generalmente moviendo la pantalla del móvil con el dedo constantemente), y éste deberá ser lo más relevante y con el mensaje más directo que puedas.

También existen algunos formatos que te permiten crear una forma de anuncio más completa, como una tarjeta web, en la que incluyes un link y una imagen, y podrá capturar más interés y ratio de clic. Twitter, al igual que Facebook, es un entorno ideal para que tus usuarios se descarguen tu app. Además, el botón de acción es "Descargar".

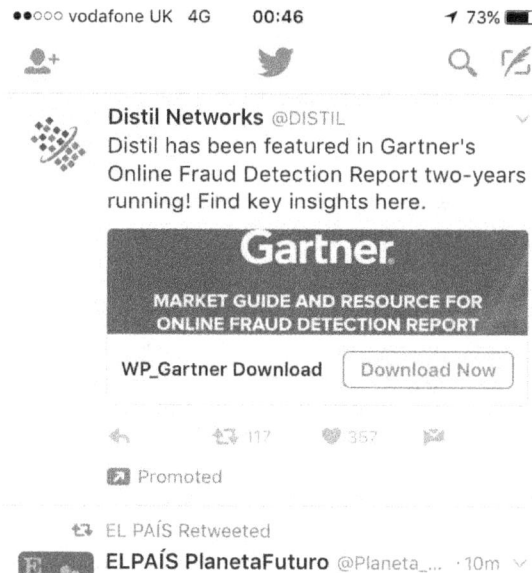

La segmentación que puedes hacer en esta red social es interesante, porque puedes mostrar tu anuncio a los seguidores de ciertas marcas y competidores, personas, y en definitiva, de cualquier @handle.

CREAR UNA CAMPAÑA DE PUBLICIDAD EN TWITTER

Puedes acceder a su plataforma de anuncios accediendo al menú desplegable de encima de la foto de tu perfil. Clica en 'Twitter ads' o ve a ads.twitter.com y se presentará un menú como el que se muestra a continuación, donde rápidamente podrás ver la oferta de formatos que más se puede ajustar a tus objetivos.

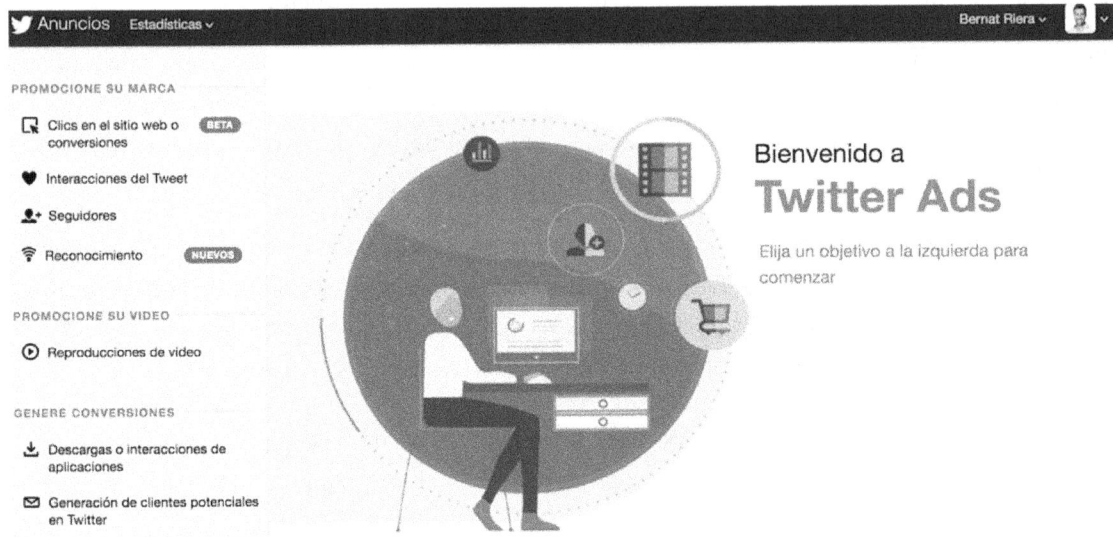

Interacciones con el tweet es uno de los formatos más usados en Twitter para generar visibilidad de lo que dices en tu tweet, alcanzando una nueva audiencia que podría estar interesada en lo que promocionas.

Si a parte de visibilidad y crear una conversación social sobre algo, también esperas que visiten tu página, entonces el formato *Clics en el sitio web* te resultará más determinante, ya que podrás incorporar una tarjeta visual mostrando un poco de información sobre la web a donde irán, y ocuparás más espacio en la pantalla.

Siempre que tweetees, ya sea orgánicamente o pensando en la promoción pagada, intenta insertar una imagen y no sólo ocupar las 140 letras, sino más espacio visual.

Otra estrategia muy usada, sobre todo al principio en donde la gente no te conoce, es conseguir *seguidores*. Le aparecerás como sugerencia a los usuarios que selecciones y mejorarás tu reputación online. Son muchos los que visitan los perfiles sociales de una empresa para saber cuántas personas confían en ella y sentirse seguros al comprar o contactar.

Bernat Riera @bernatriera · 01 ene.
Los mejores artistas están compitiendo en nuestra plataforma. Cuadros, votaciones y una comunidad llena de arte.

Publica tus cuadros en Esglaiart.es
esglaiart.es

↩ ## ⇄ ## ♡ ##

🔁 Promocionado

Finalmente, si tu propósito es conseguir descargas de una app, selecciona *Instalaciones o interacciones con una aplicación*. Tienes la ventaja de que los usuarios que vean esta publicidad ya estarán en sus dispositivos móviles, por lo que irán a tu app store en un solo clic.

Para configurar a quién le servirás tu anuncio, Twitter te permitirá seleccionar diferentes características de segmentación como: palabras clave, seguidores de cuentas en concreto, según intereses, o incluso otros muy enfocados en el elemento del tiempo, que como he comentado antes, es uno de los puntos fuertes de este canal online, permitiéndote relacionar tus campañas con eventos o programas de televisión que suelen generar mucha conversación.

29. PUBLICIDAD EN LINKEDIN

Es el medio perfecto si tu principal audiencia de negocio son otras empresas o profesionales en un sector o industria específica. A diferencia de lo que te he comentado en el apartado de Facebook, aquí puedes especificar diferentes configuraciones de a quién mostrar tu anuncio a un nivel mucho más profesional y enfocado para trabajadores:

- Empresas con una magnitud específica (por número de empleados)
- A cargos específicos como directores, fundadores, C-nivel (CEO, CMO, CDO, etc.), que generalmente son los que toman las decisiones. Aunque no olvides a los que también podrían influenciar sus decisiones.
- Situación geográfica y estudios, entre otros.

El anuncio se mostrará al usuario a través de las últimas actualizaciones de su red de contactos profesionales, similar a otras redes sociales, y en las cuales podrás escribir comentarios, compartir, seguir a la empresa o clicar en el enlace que te llevará a una página de destino.

Para hacer una campaña en LinkedIn:

1. Créate un perfil en la red social profesional tanto para ti como para tu negocio.
2. Verás 'Servicios comerciales' y 'Publicitar' debajo de la barra central de búsqueda. También puedes acceder a https://business.LinkedIn.com/marketing-solutions
3. Selecciona uno de los tres formatos disponibles y sigue los pasos de configuración.

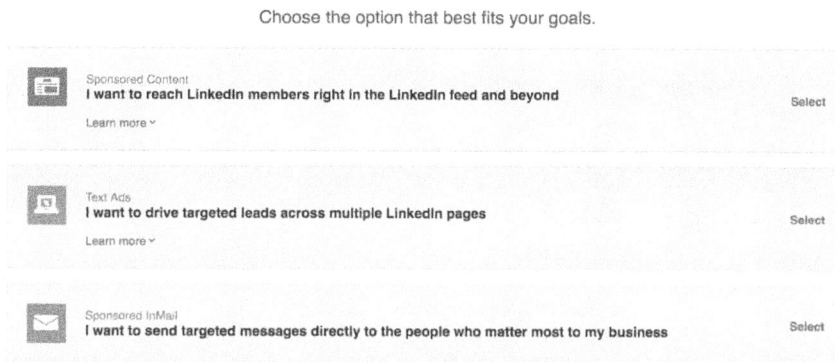

Choose the option that best fits your goals.

Cuando creas una promoción del contenido (Sponsored update), puedes seleccionar una de las existentes en tu perfil del negocio o crear una adicional sin que se publique nativamente en tu página, también conocido como 'dark post', clicando en 'create new sponsored update' y escribiendo el nuevo texto e imagen que quieres publicar y mostrar a tu público.

Una vez tengas la publicación, debes seleccionar tu audiencia y objetivo. Y como te comenté antes, aquí viene el punto fuerte de esta plataforma. Selecciona profesionales, empresas, tamaños, localidades, habilidades y seniority, entre otros.

Uno de los nuevos formatos lanzado recientemente para el uso de cualquiera es *InMail*, el cual te permite enviar un mensaje más elaborado y largo a tu audiencia con una llamada a la acción al final. Es muy interesante cuando no buscas tanto el tráfico a tu web sino hacer llegar tu mensaje a tus potenciales clientes. Un evento o curso, novedades en uno de tus productos, ofertas limitadas, entre otras, son buenas ideas.

30. REMARKETING PARA TUS PREVIAS VISITAS

Estoy seguro de que alguna vez has visitado una página web de viajes o tienda online, y después has estado continuamente viendo sus anuncios a través de otras webs, e incluso mostrándote anuncios específicos relacionados con el viaje que buscaste. Eso se llama remarketing.

Este sistema se basa en cookies y consiste en poner un identificador (*cookie*) a todos esos usuarios que aterrizan en tu página web o que van a una cierta página de tu sitio.

Con todos esos visitantes, se crea una audiencia o grupo de usuarios que han sido marcados por nuestra etiqueta sabiendo que pueden ser potenciales clientes, ya que, o bien conocen nuestra marca, o se han interesado por nuestros productos en algún momento (buscaron en Google una palabra clave y acabaron en la web, o vieron y clicaron en una de nuestras publicaciones en Facebook).

REMARKETING EN GOOGLE – BÚSQUEDA (RLSA)

El remarketing en búsqueda consiste en mostrar anuncios personalizados a aquellos usuarios que vuelven a buscar una de nuestras palabras clave una vez que ya han sido identificados visitando nuestra web, y quizá la primera vez no tuvieron tiempo de comprar o de mirar más cosas, o el producto que le enseñamos era muy caro o poco relevante.

Aquí tienes una segunda oportunidad, así que determina bien tu estrategia de lo que le vas a mostrar. En este caso podrías incluir palabras incluso mucho más genéricas, porque ya sabemos que es un potencial cliente por su previa búsqueda y tenemos menor margen de error.

Por ejemplo:

- Muestra un producto más barato

Si vendes impresoras y le mostraste un anuncio de un modelo caro la primera vez que este usuario buscó por impresoras láser y se fue sin comprarla, ahora que está buscando de nuevo no le muestres la misma, sino un modelo inferior para ver si el precio fue el problema, o si no especificó blanco y negro vs color, pues ahora muéstrale la otra variante.

- Ofrece un descuento

Muestra en tu nuevo anuncio un descuento promocional temporal para llamar su atención, y una oportunidad en corto plazo de aprovechar esa oferta.

- Personaliza el anuncio

También puedes mejorar tu mensaje a estos usuarios reincidentes tratando de mostrarles tu valor frente a la competencia, ya que obviamente siguen buscando e investigando el mercado en busca de su mejor opción.

Para configurar estas campañas no tienes nada más que hacer que crear un grupo de anuncio con los anuncios acorde a esta estrategia, y una vez contenga las palabras clave que quieres (las cuales pueden ser incluso más genéricas que las harías en un grupo normal), añade una segmentación nueva desde la pestaña 'Público' seleccionando la lista de remarketing que quieres y la opción 'Segmentación y puja', la cual significa que tus anuncios sólo se mostrarán a tu público seleccionado que busque por esas palabras, no a cualquier otra persona que busque.

REMARKETING EN GOOGLE – DISPLAY

Una forma más común y menos elaborada de hacer remarketing es mostrando banners o anuncios de texto en diferentes páginas web que pertenezcan a la red de Google Display Network (GDN), que son los sitios web suscritos a Adsense que dejan espacio para que Google muestre anuncios.

Las visitas a tu web dejarán una cookie a los usuarios que permitirá a Google seguirlos y mostrarles nuestro anuncio, de nuevo recordándoles en diferentes momentos o días sobre tu producto o servicio, e intentando volver a llamar su atención para que completen su compra o solicitud.

Es importante limitar la frecuencia de veces en las que estos usuarios verán tu anuncio cada día, ya que podría llegar a ser intrusivo y molesto, causando una influencia negativa con tu marca.

REMARKETING CON GOOGLE A LAS VISITAS DESDE OTRAS REDES COMO LINKEDIN O FACEBOOK

Esta estrategia es muy interesante si tus clientes son empresas (B2B, business to business), ya que LinkedIn te permitirá encontrar a aquellos trabajadores de empresas o industrias concretas que serían muy difíciles de identificar por sus búsquedas en Google.

Por ejemplo, si eres el gerente de un hospital y buscas en Google "generador", estás pensando en uno de mucha potencia, muy caro y que su compra será un proceso largo en comparación a un montañista que busca "generador", el cual probablemente esté interesado en algo mucho más pequeño y de baja potencia.

A través de LinkedIn puedes llegar a identificar tus potenciales clientes asociándolos a donde trabajan, como en hoteles, hospitales, fábricas, en empresas de más de 50.000 empleados, que sean de una localidad específica, entre otras muchas posibilidades.

Una vez te gastas dinero en estas campañas de publicidad en LinkedIn, aprovecha cada centavo poniendo una cookie de Google en la página de aterrizaje para que sepas que la audiencia que estás construyendo son profesionales de tu interés.

La próxima vez que uno de estos usuarios busque "generador" en Google, sabrás que se trata de una empresa grande y podrás personalizar tu anuncio a tu potencial cliente.

O por el contrario, podría ser muy interesante la audiencia que ha llegado a tu web a través de redes sociales como Facebook, Instagram o Twitter, y que los encontraste porque tienen intereses determinados como un tipo de música o aficionados a los juegos online y quieres venderles la nueva consola.

COMO CREAR UN PÚBLICO EN GOOGLE ADS

Para crear una campaña de remarketing en Google Ads primero tendrás que crear un público, y existen varios métodos de hacerlo, como a través de Google Ads o Google Analytics. Yo prefiero el segundo, pero por si acaso aún no estás familiarizado con Analytics, también te muestro desde Google Ads.

Para crear una audiencia en Google Ads:

- Ve a "Biblioteca compartida" / "Públicos" en el menú vertical de la derecha.
- Crea una nueva lista de remarketing según la que más te convenga. La más común es "Visitantes del sitio web".
- También puedes crear una combinación de visitas a cierta página, o personas que visitaron pero no finalizaron con una conversión.
- Vuelve a tus campañas y selecciona el grupo de anuncios al que le quieres asignar un público o audiencia. Selecciona "Públicos" en las pestañas.
- Selecciona la lista de remarketing deseada.

CREAR UNA AUDIENCIA EN GOOGLE ANALYTICS

Aquí voy a tener que suponer que ya tienes la plataforma de Google Analytics funcionando y haciendo el seguimiento de tu web. Verás todos los detalles en la Fase 6.

En Google Analytics puedes manejar todo el tráfico que tu web recibe sin importar de dónde venga (de pago, orgánico, social...). Y una vez recolectado todo ahí, puedes empezar a agrupar y segmentar ese tráfico como quieras, o lo que serán tus audiencias, que después podrás importar de nuevo a Google Ads y servirles los anuncios que quieras.

Selecciona quiénes son tus potenciales clientes, separa y divide. Aquí te muestro algunos ejemplos de las audiencias que creé a partir del tráfico de esglaiart.es para volver a mostrarles nuestro anuncio a los potenciales clientes:

- Hombres de entre 35 – 60 años que no se hayan registrado antes. Estadísticamente, sabemos que las hombres interactúan mejor con una galería de arte online, y al seleccionar a partir de 35, nos enfocamos en los que posiblemente tengan más experiencia o años pintando, imaginando que sus obras pueden ser de más calidad.
- Otra agrupación a la que queríamos mostrar publicidad era a los que nos habían encontrado por otra fuente que no era Google, como Facebook o Twitter, así que la próxima vez que busquen por algo relacionado con el mundo del arte en Google les mostraremos nuestro anuncio y esperemos que reconozcan la marca y nos llevaríamos el clic.

Cómo crear una audiencia en Google Analytics:

1. Las audiencias, como los objetivos, se crean desde el menú principal de 'Administración' en el nivel de propiedad.
2. Clica en 'Remarketing' para crear una nueva audiencia.
3. Genera tu audiencia aplicando los filtros que quieras, como los explicados antes.

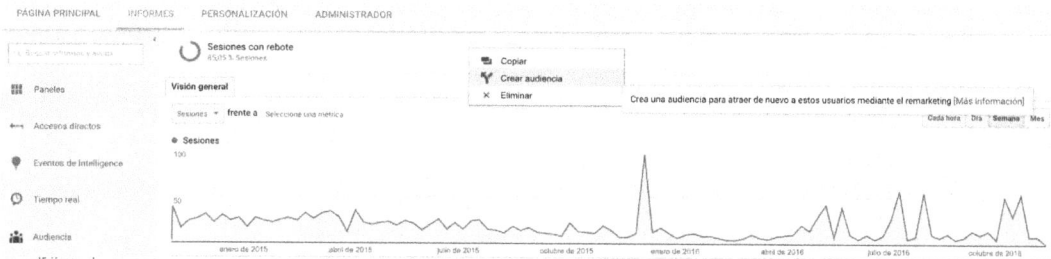

O de una manera más sencilla: Visualiza en Google Analytics con las condiciones que quieres y selecciona esa visión para hacerles remarketing. Por ejemplo, añado un segmento con el tráfico que rebotó (sesiones con rebote), o lo que es lo mismo, que entró en la página y se fue.

A continuación selecciona con el menú 'Crear audiencia', y saltarás directamente a la pestaña de administración y audiencias con ésa seleccionada.

Asegúrate de que tienes Google Ads enlazado para que esta audiencia pueda ser importada desde la interfaz de publicidad. Podrás enlazar Google Ads con Analytics también desde el mismo nivel de propiedad.

En Google Ads ya sólo tienes que aplicar la nueva audiencia a tu grupo de anuncios de la misma forma como expliqué anteriormente.

FASE 5

USABILIDAD Y EXPERIENCIA DE USUARIO

31. ¿QUÉ SON LA USABILIDAD Y LA EXPERIENCIA DE USUARIO?

Normalmente se confunden, pero la usabilidad y la experiencia del usuario tienen significados distintos. El primero es un atributo de calidad sobre la facilidad de uso de una web para conseguir ciertos objetivos y la segunda abarca mucho más que eso, abarca las emociones, sentimientos y, en general, la "experiencia" que un usuario tiene o siente al interactuar con tu negocio, la cual puede ir más allá de su navegación en la web, llegando hasta que compra un producto, lo recibe y lo usa, además de su interacción con tu equipo de ventas o con el soporte técnico.

La usabilidad y la experiencia que los usuarios tienen en nuestra web no es universal para todos, ya que cada persona será diferente y tendrás que crear un diseño lo mejor posible para que la experiencia de la mayoría de tus potenciales clientes sea la mejor que puedan tener.

Se conoce como **usabilidad web** a la disciplina encargada de estudiar la manera en cómo se relaciona el diseño y el funcionamiento de una página web, y la posibilidad de que el usuario pueda utilizarla cómoda, fácil e intuitivamente.

Para lograrlo, la premisa de la cual no se debería salir es el intentar lograr un diseño que se centre en el usuario, esto es, crear según lo que los demás desean o esperan del sitio. Esto va en contra de lo que muchos hacen mal al presentar diseños demasiado complejos que muchas veces solo es entendido por el propio diseñador o programador.

Mejorar la usabilidad nos hace enfocarnos en la interacción de los visitantes para completar las tareas que queremos que hagan, como comprar de la forma más rápida e intuitiva eliminando bloqueos y simplificando procesos.

Por otra parte, la *UX* o **Experiencia del Usuario**, se refiere a cómo se siente una persona al utilizar determinado producto, dispositivo, o en este caso, un sitio web. Es la conexión emocional con tu negocio, aplicación o web. La Usabilidad sólo es una capa que impacta en la totalidad de la experiencia de los usuarios.

Es el valor que consiguen al utilizarla. Estos pueden obtener toda la información que necesitan en tu web y estar a punto de convertirse en un cliente, pero al llamar a tu equipo de ventas se da cuenta que las ofertas no son aplicables por la letra pequeña, lo que provoca un sentimiento de rabia que podría generar un boca a boca negativo para tu negocio.

Será muy importante entender cómo tu marca es percibida por los usuarios para que la puedas mejorar y alcanzar el éxito con tus productos. Para ello no debes de tener miedo a pedir la opinión a tus clientes. Si son negativas, también debes saberlo cuanto antes.

Volviendo al diseño de tu página web, el diseñador o programador web no deberían nunca subestimar la pericia o habilidades de los usuarios para elegir usar una web antes que otra. Mientras más pasa el tiempo, más capaces son los usuarios de distinguir entre lo que es una buena experiencia en un sitio y aquello que no lo es.

Para tener una UX de éxito hay que entender:

- Quiénes son nuestros usuarios o potenciales clientes online
- Qué querrán conseguir en nuestra web.
- Qué les hará marcar la casilla de "Estoy feliz"

32. CARACTERÍSTICAS DE UNA BUENA EXPERIENCIA USANDO UNA WEB

Que sea fácil de aprender

Aprender es sinónimo de primera vez, y esto es lo que tienes que tener en cuenta sobre el aprendizaje sencillo de tu web. ¿Qué facilidad tienen los usuarios en completar una tarea específica en tu web por primera vez?

Para ponerte dos ejemplos, uno positivo y otro negativo, recuerda lo fácil que es hacer una reserva de un hotel en booking.com por primera vez sin haberlo hecho nunca, ya que es muy intuitiva y te guía en todo el proceso para que ni siquiera te preguntes qué es lo próximo que tienes que hacer.

En cambio, cuando he querido darme de baja en amazon.es, he ido a la web y me ha costado mucho encontrarlo (entiendo que sea a propósito), pero al no encontrarlo volví a Google para redefinir la búsqueda ("cancelar cuenta en amazon") y ver si sus resultados directos me ayudaban a llegar a mi destino deseado.

De recordar

Un usuario quizá antes solía hacer operaciones bancarias con su cuenta de banco online, pero hace tiempo que no accede a ella y quizá el entorno ha cambiado, o se ha acostumbrado a usar su segundo banco. Entonces, ¿Cómo de fácil volvería a recordar el operar en el primero?

Aunque vayas actualizando la web para mejorar la usabilidad, intenta dejar pistas para aquellos usuarios que ya aprendieron a utilizar tu página.

Rendimiento del usuario

La meta es realizar una tarea específica, la cual podría ser desde pedir una cita para visitar tu negocio hasta realizar una compra directa. Pregúntate cómo de eficaz y rápido es un usuario al realizar esas tareas clave para ti. Pide a tus amigos que las hagan delante de ti.

Intenta que sea lo más rápido posible y con el menor número de errores. Allana el camino y haz que su interacción sea intuitiva, eficiente y a prueba de despistes o errores.

Si tenemos que explicar al usuario cómo completar la tarea, entonces significa que no está bien diseñada, y no podrás estar junto a todas las visitas explicándoselo a cada uno. Cada segundo ahorrado es una mejora en la experiencia.

Mejorar el diseño visual

- Recomendaciones preestablecidas

Muchos de los excesos que se cometen durante la planificación y diseño de una web ocurren por evitar copiar a los demás o querer demostrar originalidad casi al punto de la rebeldía.

No tengas reparo en seguir patrones ya establecidos por otros: La claridad de los títulos, información bien distribuida en el espacio, los mejores lugares a la hora de colocar imágenes y las mejores combinaciones de colores en caso de que tengas diferentes categorías de información para que éstas se encuentren bien diferenciadas entre sí.

- Adaptabilidad de la resolución

La forma en la que se distribuye la información, los tamaños de los diseños, la presentación de la web, en general, se debe poder adaptar a diferentes dispositivos y resoluciones. Los usuarios no solo utilizan el sitio desde ordenadores, sino que hoy en día tendrás más visitas desde móviles o incluso desde relojes inteligentes, sistemas de realidad virtual y asistentes inteligentes en el hogar. La tipografía que utilices tiene que ser grande y clara en cualquier dispositivo.

Simplicidad

Muchos centran sus esfuerzos en crear sitios visualmente impactantes o se preocupan demasiado de la estética y el mínimo detalle. La mayoría de las veces menos es más.

La idea es evitar diseños complejos, y darle preferencia a las figuras planas que eviten el esfuerzo cognitivo del usuario. Desde luego, esto no quiere decir que la belleza y el impacto visual no sean importantes, sino que lo principal es evitar excesos.

La simplificación es un elemento básico para mejorar la usabilidad sobre cualquier otra recomendación. Fíjate, los productos de Apple tienen el mínimo número de botones. Google sólo tiene una barra para introducir palabras. Nuestras páginas webs están llenas de palabras, enlaces, imágenes y acciones.

EL MAPEADO DE LA TRAVESÍA O USER JOURNEY

Conoce a los usuarios

Para ello es bueno realizar estudios antes del lanzamiento del sitio web y también después. Esto ayudará a tener información clara sobre lo que los usuarios esperaban y la experiencia que tuvieron luego en tu sitio. Las redes sociales facilitan este camino y son un gran aliado a la hora de conocer la percepción que tienen sobre nuestro servicio y si sus necesidades han sido satisfechas.

El pensamiento intuitivo

Este es un aspecto clave a tomar en cuenta a la hora de establecer las opciones, funciones y manera de disponer la información en un sitio web. El tiempo de atención de los usuarios suele ser limitado, y muchas veces orientado hacia la pereza cognitiva. Por esta razón, han de evitarse acciones que requieran mucho esfuerzo de parte del usuario o diseños complejos que lo cansen.

ARQUITECTURA DE LA INFORMACIÓN

Facilidad de navegación

Tu sitio web debe hacerle las cosas fáciles al usuario, este punto es clave entre todos los criterios de usabilidad web. Evita que el usuario tenga que hacer demasiados clics para acceder a partes esenciales de la página, y mucho menos que tenga que hacer otros muchos clics para volver al inicio o Home.

Una página en donde la navegación es deficiente será una página espanta-clientes, y esto es lo que toda empresa o negocio desea evadir. Evita mantener enlaces rotos dentro del sitio, o causar confusión en el usuario mientras éste navegue en el mismo. El exceso de plugins puede causar lentitud y deficiencia durante la navegación por el sitio web. Es preciso escoger los que sean realmente necesarios.

EL CONTENIDO Y LA ATENCIÓN DEL USUARIO

Minimalismo

Es una tendencia artística que reduce al mínimo sus medios de expresión. Ante esta tendencia, es necesario que en nuestro sitio web el estilo de diseño evite todos los elementos innecesarios e irrelevantes como colores, texturas, figuras y formas. Se trata de centrar la atención del usuario en el contenido, evitando que éste se distraiga con otros elementos o colores de la web.

Diseños que direccionan atención

Hay ciertas características de diseño que nos permitirán guiar a los usuarios hacia donde queramos en cualquier contenido o acción. Estos son por orden:

- Movimiento: Cualquier elemento dinámico de una página llamará la atención del que mira. Poner un video de calidad (aunque ligero) en la home page como fondo puede ser muy atrapante. También verás que el formato que la mayoría de los anunciantes en webs usan son los banners dinámicos con animaciones o movimientos.

- Tamaño: Como mayor sea un elemento, más destacará comparado con el resto.

- Color: El ojo humano sólo es capaz de destacar o apreciar 5 colores diferentes en un vistazo, así que evita sobrecargar la página con demasiada variedad y mantén una cierta tonalidad y temática general en tu diseño. Los elementos que rompan con esa dinámica destacarán, así que sé listo utilizándolos.

- Orientación: Estamos acostumbrados a ver objetos alineados en líneas horizontales. Si existen elementos que rompan con esa orientación llamarán la atención al observador.

- Ubicación y posición: Los elementos situados encima de la línea de corte de pantalla (*above the fold*) serán obviamente más vistos y destacables para los usuarios así que también tenlo en cuenta a la hora de posicionar las acciones o visuales claves para aumentar la conversión.

33. DISEÑO DE LA HOME PAGE

La horma de tu zapato. Tienes una bala, un solo disparo y 5 segundos para cazar a tu presa. También conocida como la home page.

La página de inicio es la única permitida de salirse del diseño del resto de tus páginas, y tiene que ser capaz de mostrar a los visitantes de qué va la web en un bonito y atractivo diseño.

Si tu página representa un centro de cursos de cocina, deberías poder imprimir tu home page, mostrarla durante 5 segundos a 10 personas y preguntarles de qué va. Si uno de ellos te dice que era un restaurante, significa que tienes que cambiar la home page.

Tener una imagen inmediata en la cabeza de todo lo que puedes encontrar en ella. Tienes que evitar que el usuario se pregunte si hay esto o si hay lo otro, o donde está. Así que, siguiendo el ejemplo anterior, si voy a la home page, debería poder ver qué categorías de recetas tienen, en qué ciudad está, o un calendario de cursos (basta con una simple notificación que diga: "El próximo curso empieza el 25 de Mayo, apúntate ahora"). Con esa nota ya sabría que hay cursos, que me puedo apuntar al próximo, y que puedo averiguar los precios. No quiero pensar, dámelo rápido y a un clic.

Antes de empezar a crear páginas, menús y widgets, coge papel y boli y diseña cómo quieres que sea la estructura general de tu página.

En ella, visualiza dónde está tu meta, dónde harás dinero, y asegúrate de que todos los caminos llevan a Roma.

Si lo que quieres es aumentar el número de clientes, asegúrate de que en cada página donde explicas tus servicios, publicaciones de blog y home page tengan a un clic el formulario de contacto.

Si tu objetivo es vender productos, el usuario tiene que encontrar lo que busca fácilmente, por lo que debes poner filtros para que se pueda ir acercando a un potencial producto y así evitar que se vaya del sitio sin comprarlo.

Los títulos y su relevancia tienen que ser altamente identificables. No malgastes espacio con un mensaje de bienvenida. Recuerda que en un párrafo de texto, lo útil compite con lo inútil cuando es leído por un usuario en 10 segundos.

Un buen truco para ver si tu web es fácilmente legible es si su contenido podría ser leído en voz alta y rápido. Además, si tu página cumple eso, ya te estás adelantando a las nuevas técnicas de navegación web y posicionamiento en buscadores. ¿Podría leer Siri o Cortana tu página web mientras conduces?

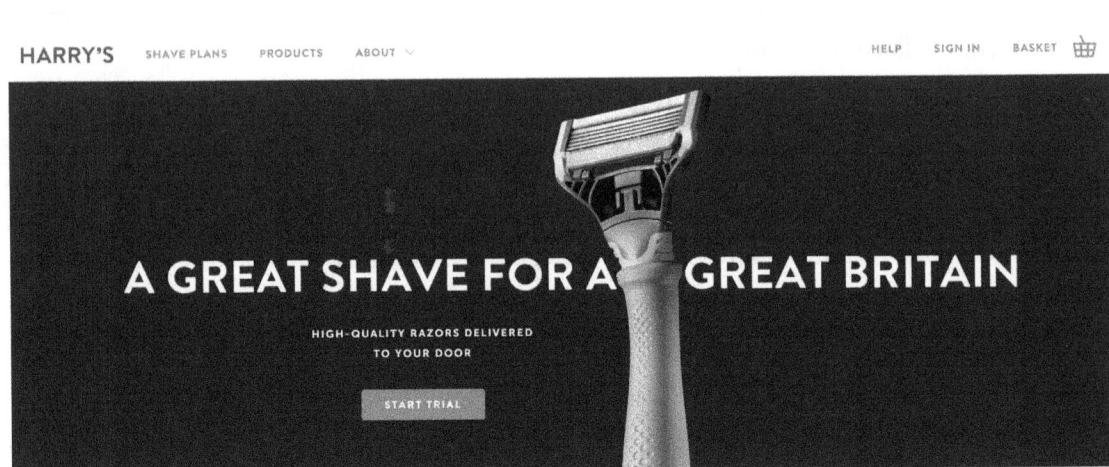

NAVEGACIÓN Y MENÚ

El menú jugará un papel importantísimo para que los usuarios encuentren de manera rápida e intuitiva lo que andan buscando. Intenta ordenar de izquierda a derecha donde están tus páginas, de mayor a menor importancia desde un punto de vista económico.

La estructura de tu contenido debería estar representada en el menú. Además, para ayudar a la navegación del usuario y permitirles hacerles saber dónde están en todo momento, es muy útil situar arriba de cada página un seguidor de migas (*breadcrumbs*) mediante pequeños enlaces, permitiendo al usuario ver en qué nivel de página se encuentra y cómo saltar a otra categoría si no está donde quiere. Por ejemplo, imagina que un usuario aterriza en esta página después de buscar en Google:

Todos los coches > Coches de segunda mano > BMWs > Z4

A simple vista, ya sabe que está en una página de coches y que hay de segunda mano (puede entender que también hay nuevos) y que se encuentra en la marca de BMWs (por lo que habrá otras marcas) y el modelo Z4.

Si quiere comparar otras marcas y filtrarlas por precio o provincia, ya sabe que clicará en "Coches de segunda mano". Y si quizá consideraría comprar un vehículo nuevo, entonces irá a "Todos los coches".

34. USABILIDAD PARA TIENDAS ONLINE

IMÁGENES Y DISEÑO DE LA TIENDA

Asumiendo que tus productos son de interés, tienes precios competitivos y la gente llega a tu web, los pocos segundos que tendrás para atrapar definitivamente a tus clientes o enviarlos a tu competidor son las imágenes de tu productos. Es incluso más importante invertir en un buen fotógrafo que en un diseñador de páginas web.

Las imágenes tienen que tener la mayor resolución posible, pero buscando un equilibrio con el peso del archivo, ya que los archivos grandes ralentizarán la carga de la página.

Muchos objetos pierden su perspectiva en imágenes y es difícil de apreciar su tamaño, por lo que recomiendo que cuando se pueda, se ponga otro objeto comúnmente conocido.

Por ejemplo, si vendes jarrones de porcelana, podrías mostrarlos en una mesa bonita junto a un lápiz. Al estar junto al lápiz ya puedes hacerte una idea rápida de las dimensiones del jarrón.

Si vendes ropa y en las imágenes muestras una modelo, también recomiendo poner una pequeña leyenda sobre la talla que usa la modelo. De esta forma puedes ver si el estilo de la camiseta que lleva tiene un corte ancho de por sí aunque lleve la talla pequeña, o ayudar a cualquier otra percepción que cada uno pueda tener sobre tallas o estilos.

Las imágenes deberán ser lo más grandes posible y con la posibilidad de hacer zoom bien definido para observar los detalles.

Algunos tienen la opción de rotarlos 360º, aunque su fotografía y procesamiento es más complejo. Actualmente, gracias a un internet tan rápido ya observamos muchas páginas de productos con videos además de imágenes estáticas.

Finalmente, siempre que el producto te lo permita, muéstralo en estado puro, en uso. Si vendes mochilas de excursionista, muestra a un hombre llevándola en lo alto de una montaña y teniendo una experiencia genial con ella, con la que te puedas identificar y aumentar tu deseo.

GBP | USD | EUR | CNY   WISHLIST

Q SEARCH   ACCOUNT   WATCH BASKET (0)

HOME   BUY ⌄   SELL ⌄   BRANDS ⌄   WATCH LIFE ⌄   APPROVALS ⌄   ABOUT ⌄   CONTACT

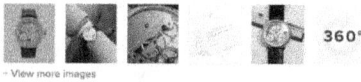

ROGER W. SMITH
GEORGE DANIELS ANNIVERSARY |
YELLOW GOLD
NUMBER 4 OF 35

£235,000 A+

[ENQUIRE TO BUY]   [ADD TO WISHLIST]

BRAND:	GEORGE DANIELS & ROGER W. SMITH
MODEL:	GEORGE DANIELS ANNIVERSARY WATCH
MOVEMENT:	MANUAL WINDING
CASE MATERIAL:	18-CARAT YELLOW GOLD
CASE SIZE:	40 MM
CRYSTAL:	SAPPHIRE
STRAP:	BLACK ALLIGATOR STRAP
FUNCTIONS:	DATE, POWER RESERVE, HOURS, MINUTES, SUB-SECONDS
FEATURES:	HAND-ENGRAVED DIAL, DISPLAY BACK
TO NOTE:	NUMBER 4 OF 35

This exceptionally rare and important, hand-made Daniels Anniversary watch, made as a collaboration between George Daniels himself and his apprentice Roger W. Smith, is the fourth piece to have been made and was completed and delivered in February 2013. It comes as a full set with box and papers, including paperwork signed by George Daniels, which only the early examples came with.

As the only approved pre-owned retailer for Roger W. Smith in the world, we are very proud to offer this beautiful example to the market. With a production run of only 35 pieces, this is certainly a very rare opportunity to acquire an Anniversary piece.

The inception of the watch came about as a means to celebrate the hand-made independent watchmaking philosophy that George Daniels espoused, 35 years after the invention of his famous co-axial escapement. At the time in 2008, George wanted to create an entirely new watch with 35 pieces to mark the Anniversary, made entirely on the Isle of Man. For this, he sought the help of his then heir apparent, Roger W. Smith, who designed and made the pieces.

Sized at 40mm in an 18 carat yellow gold case, it features straight lugs and a

360°

→ View more images

MEJORAR EL RATIO DE VENTAS DE TU ECOMMERCE

Una vez crees tu tienda y empieces a recibir visitas, tendrás que optimizarla para aumentar el ratio de conversión a través de las diferentes herramientas que te he mostrado, pero también comentaré un par de especificaciones sobre vender más en tiendas online:

- Sé obvio con lo que se vende en tu tienda y añade información clara de contacto.
- Muestra reseñas de otros usuarios. Los últimos estudios de Google confirman que el 70% de compradores online no finaliza su compra si no ha leído varias opiniones de otros compradores.

- Añade logos de tarjetas de crédito como Visa, MasterCard o PayPal y certificados de tiendas acreditadas online (puedes conseguir estos logos registrándote en: confianzaonline.es)

- Descripciones de productos: intenta escribir contenido original y útil sobre el producto y mejor en formato de puntos.

- Mantén un tono personal con tus visitantes y clientes de forma consistente en todas tus páginas.

- Es obligatorio que tu Ecommerce tenga buena navegación desde los móviles, tanto para encontrar el producto deseado hasta la confirmación de compra.

- Si se trata de productos hechos a mano o únicos de algún tipo como ropa o arte, no dudes en mostrar imágenes de ese valor añadido con los artesanos creándolos.

- Reduce la desconfianza a los clientes: muestra claramente la garantía, el periodo de devolución con su coste, etc.
- Estos, además de incrementar la confianza de los usuarios, les deja claro desde el principio que se trata de una tienda online y que hay un pago en algún momento.
- Añade widgets de Facebook u otras redes sociales donde muestres el número de "Me gustas" o fans a tu página web.
- Ofrece diferentes opciones de envío, con diferentes tiempos y precios.
- Ten categorías de rápido acceso para los visitantes que repiten, como "Nuevos", "Lo más vendido" o "En oferta".
- Si vendes cosas que se puedan regalar, da la opción de regalo en la que se le envolverá el producto para que sea enviado al destinatario final.
- Añade un buscador interno y asegúrate que éste ofrece los resultados que tocan.
- Recomienda productos relacionados con el que se vaya a comprar, como packs o productos que suelen comprarse juntos.
- Reduce el número de clics hasta el final de la compra.
- Añade algún plugin de pop up para que salte al detectar que el usuario está a punto de irse (cuando mueve el ratón hacía arriba del todo del navegador). Intenta capturar su email para enviarle futuras ofertas o proporciónale un código de descuento para que aún no se vaya y puedas empujarle a que complete la compra.
- Configura algún sistema de recuperación de cesta automático. Si los clientes se fueron de la tienda dejando productos en la cesta, tienes una oportunidad de recordarles vía email que tiene esos productos pendientes de compra, por lo que les recuerdas que no tienen que volver a hacerlo todo sino que está a punto para comprarlos.
- Finalmente recoge feedback de los clientes que no terminaron su proceso de compra. Intenta averiguar qué fue mal o qué página tiene mayor porcentaje de rebote a través de Google Anlaytics.

35. HERRAMIENTAS PARA MEJORAR Y ANALIZAR LA USABILIDAD

La única manera de saber si tus usuarios están interactuando como esperas con tu portal es preguntándoles.

Tengo que decirlo, mi opinión no importa. Ni la de otros. A mí me puede gustar mucho mi página web, pero en realidad no importa. A ti te puede gustar mucho mi página web, pero si no compras o conviertes en ella, tampoco importa.

Tu página web tiene que ser, verse y usarse de la manera que te aporte más negocio, sea cual sea tu métrica de éxito (ventas, contactos, descargas, navegación, interacciones, etc.) y para el mayor número de usuarios posibles.

Así pues, no hay formula secreta ni guía de ayuda. Lo único y mejor que puedes hacer es testear diferentes versiones de tu sitio para analizar cómo de diferente se comportan los usuarios en una en comparación con la otra, y averiguar cuál es la que más te conviene. Después, mantienes la versión ganadora y vuelves a compararla con otra.

TESTEO A/B

Cuando se hace un experimento A/B se suelen llamar a las páginas lo siguiente:

Página A – Original (o control): Es la página tal como la tienes por defecto, la que has diseñado originalmente y crees que es la que mejor puede funcionar.

Página B – Experimento o versión de la A: Es la versión que va a competir con la página original.

¿Qué cambiar de la variación B?

Un solo cambio por experimento

Hay muchos libros que hablan sobre el testeo AB de la vieja escuela, ése que recomienda cambiar un simple elemento de toda la página y ver cómo afecta ese cambio. Por ejemplo, cambiar el color del botón "Reserva ahora" de verde a naranja.

La teoría de esta forma de experimentar es que puedes controlar exactamente lo que mejora o empeora el ratio de conversión, ya que si haces varios cambios a la vez, por ejemplo, si además de cambiar el color del botón cambias la imagen de fondo y el orden del menú, no sabrás qué fue lo que causó el mayor efecto positivo o el que influyó negativamente.

Una página totalmente rediseñada

Yo no soy tan optimista cuando testeo. No me gusta dar por sentado que mi diseño inicial es tan bueno que con pequeñas alteraciones puedo conseguir grandes cambios. De hecho, seguramente conseguiré mejorar esa versión llegando a su pico de ratio de conversión. Pero, ¿quién me dice que rediseñando otra versión de la página no conseguiría doblar los resultados en menos tiempo?

Efectivamente, una de las mejores técnicas para dar con la página web o página de aterrizaje más cerca de la ideal sería pegando saltos más grandes y consiguiendo mucho más progreso de golpe.

Cuando hablo de página de aterrizaje me refiero a una única página, no a la web entera, ya que

Tu diseño

Un nuevo diseño

Tu diseño optimizado

Conversión actual

eso llevaría mucho más tiempo. Tienes que enfocarte en la página en la que quieres mejorar tu objetivo.

Por ejemplo, en la home page, tu objetivo puede ser que la gente acabe en la tienda. Pero en la tienda, tu objetivo es que compren más zapatos que complementos, ya que dan mayor margen. Después, en la página individual del producto, tu objetivo puede ser que cliquen más en el botón de comprar.

HERRAMIENTA #1: OPTIMIZELY (TESTEO AB)

Optimizely fue desarrollada inicialmente en la campaña de Barack Obama para recolectar fondos para la campaña, y esta herramienta provocó una optimización de las visitas y donaciones recibidas diariamente. Debido a su éxito, se siguió desarrollando la aplicación. Fue gratis durante muchos años, pero ahora sólo tendrás 30 días de prueba gratuitos que podrían ser muy útiles dependiendo del volumen que recibas al mes. También existen herramientas gratuitas, pero me enfocaré en explicar ésta porque es la mejor del mercado y su coste puede significar grandes beneficios.

Es muy simple de usar y a continuación te explico cómo. No necesitas saber programar HTML, CSS, ni nada parecido. Ni siquiera tiene relación con tu WordPress.

1. Regístrate: Abre una cuenta gratuita en *optimizely.com*
2. Crea un proyecto clicando en *Añade un sitio web*
3. Ve a la pestaña 'Settings' y consigue la línea de código que deberás pegar en la cabecera de tu web, justo después del tag <head>, arriba del todo.
4. Crea un experimento (por ejemplo, 'variaciones home page'), que pertenecerá a ese proyecto (tu web) y donde agruparás todas las pruebas o variaciones que hagas a la página en concreto. 'Mis cuadros' es un ejemplo sobre esglaiart.es.

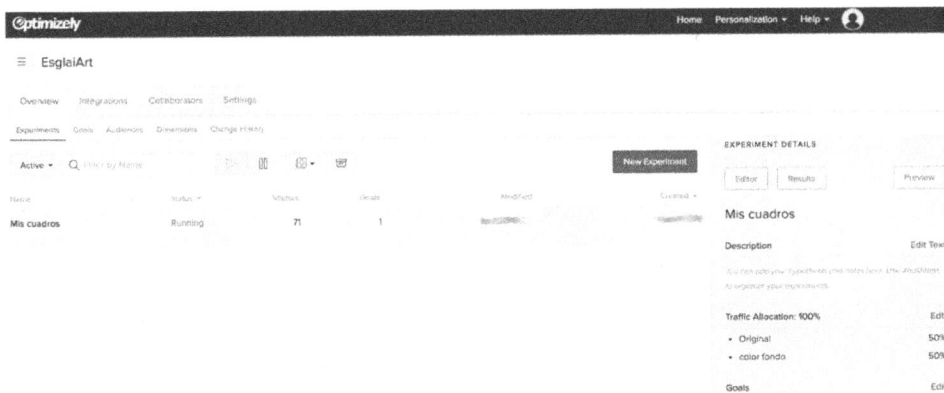

5. Accede a 'Editar' para ver el panel de control de tus experimentos. Observa que tienes una pestaña que dice 'Original', y subsecuentes pestañas que puedes crear clicando en el '+' para añadir Variaciones.

6. Crea una variación y verás como ahora se copia tu página original, pero la cual puede ser modificada de manera muy sencilla clicando sobre los diferentes elementos de la página.

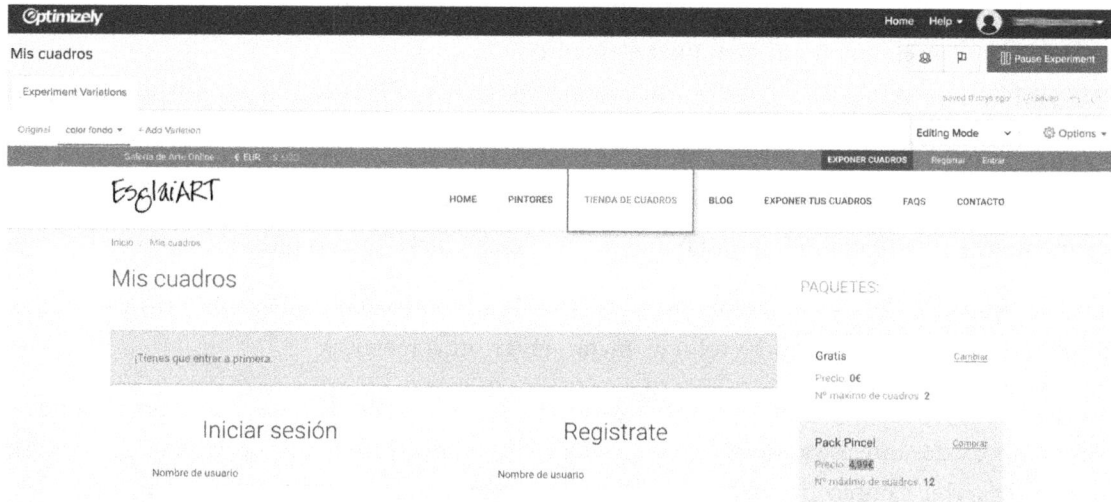

Las posibilidades de edición dependen de tus conocimientos técnicos de programación, ya que si sabes, podrás hacer cualquier cosa editando manualmente el código HTML in situ, pero si no, puedes modificar muchas otras cosas de manera intuitiva:

- Modificar el color del texto, su mensaje, su color de fondo, su tamaño, posición relativa, borde, etc.

- Mover los elementos de lugar en la página. Con un simple clic y arrastre podrás colocar cualquier botón o texto en cualquier coordenada de la pantalla.

- Cambiar imágenes tanto desde una URL o desde un archivo de tu ordenador, el cual subirá la imagen al servidor de Optimizely, por lo que no tienes que preocuparte del espacio o su almacenamiento.
- Crear enlaces sobre cualquier palabra o frase del contenido.
- Cambiar el tamaño de cualquier elemento.
- Eliminar objetos como el mismo menú de navegación, evitando que los usuarios se marchen a otra página.

También podrás establecer metas cuando los usuarios realicen cierta acción clicando en elementos de tu web como botones o enlaces, y "Track Clicks" como meta o *Goal*.

En los resultados de cada experimento podrás analizar cómo están impactando tus variaciones al ratio de conversión o número total de metas, entre otras métricas.

El ejemplo visual anterior (un test A/B/C) muestra como el ratio de conversión mejora a través del tiempo, y durante ese periodo de experimento la variación sin menú presentaba una mejora del 31.9%, y el cambio de mensaje en la página testeada provocó un incremento del 37%. Aunque es fundamental tener suficiente tráfico para que estadísticamente se pueda afirmar que esa variación es la ganadora.

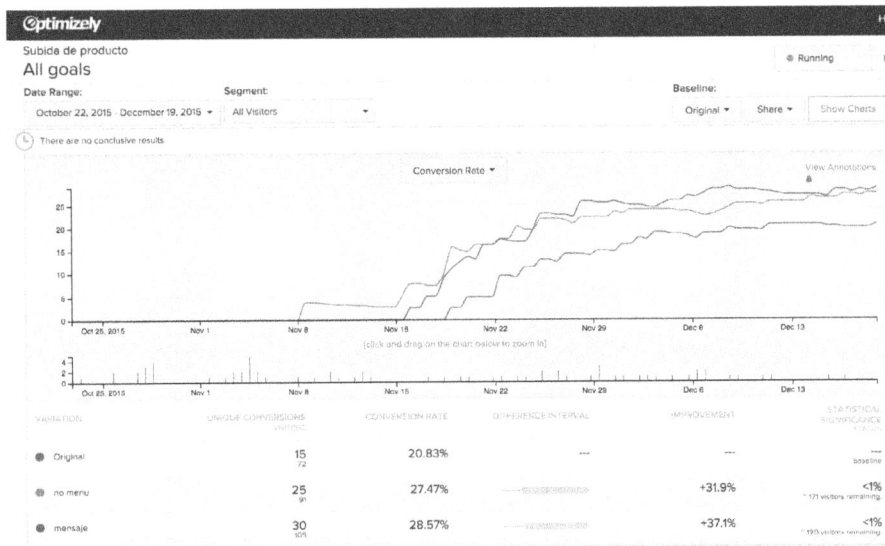

Además, en la configuración podrás establecer cuánto de todo el tráfico recibido en la web será puesto bajo testeo (80%) y cuanto a la versión original (20%). Después del 80% enviado al testeo, puedes distribuir el tráfico de forma no lineal como en el ejemplo, con sólo un 40% del 80% enviado a las variaciones. Esto es muy útil cuando quieres correr menos riesgos y recibes mucho tráfico.

HERRAMIENTA #2: USABILITYHUB.COM (PIDE OPINIONES A COMUNIDADES)

El portal por excelencia para hacer preguntas sobre tu sitio a otros usuarios expertos en usabilidad. Es gratuito y a modo de comunidad te permite proponer tests a los demás usuarios, así como tú proporcionarles tu opinión a sus tests.

Para crear un test, primero tienes que conseguir 25 puntos 'Karma' que los consigues contestando 25 tests. Así se crea esta comunidad de ayuda mutua, aunque si tienes prisa o no te interesa dar tu opinión a los demás, también puedes comprar los puntos directamente.

Existen 4 tipos de test:

- **Clic test**: A los usuarios les aparece tu pregunta y una imagen de captura de la página que quieres testear. Podrán clicar una sola vez o varias, según lo decidas.

    Preguntas muy comunes son: "¿Dónde clicarías para registrarte en esta web"? o "Clica en todos los sitios que crees que te llevarían a pagar tu compra".

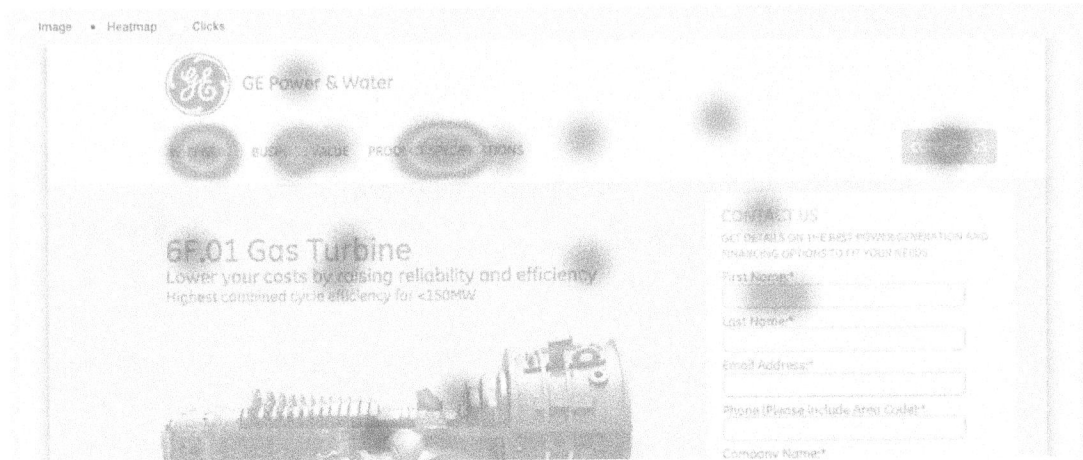

GE 6F
Created on 11 Jun, 2015 by bernat

Test Results   Demographics   Recruit Testers   Order Responses   Edit Test

Test Instructions
Where would you click to get more information about this gas turbine?

Responses Shown
26 responses

Average Duration
24.5 seconds

Image   • Heatmap   Clicks

Una vez te hayan contestado 25 usuarios recibirás tu captura de pantalla con un mapa de calor de todos los puntos que han clicado y el tiempo medio de respuesta indicándote que cuanto más tarden, menos claro es. Adicionalmente también podrás conocer los datos demográficos de los usuarios que han hecho el test, como sus edades, nacionalidades o sexo.

- **Five Seconds:** Este test consiste en mostrar tu página a los usuarios durante 5 segundos y después la imagen desaparecerá. El usuario recibe ciertas preguntas sobre esa imagen, lo cual te permitirá investigar si el propósito de tu página era suficientemente claro y si en 5 segundos entendieron de lo que iba tu página.

  Este tiempo suele ser el lapso de decisión en el que un usuario decide si quedarse en tu página o volver atrás a los resultados para encontrar uno mejor. Puedes preguntar varias cosas, como "¿Qué servicio ofrecía esta web?", "¿Cuál era la marca de la empresa?"

- **Preference test:** Muestras 2 imágenes, una al lado de la otra con una pregunta encima de ellas, y los usuarios tendrán que clicar en una sola opción. Este test te ayudará a decidir cuando estés entre un par de ideas. Por ejemplo, "Qué diseño te gusta más?", o "¿Qué web te parece más intuitiva?", "¿Moderna?".

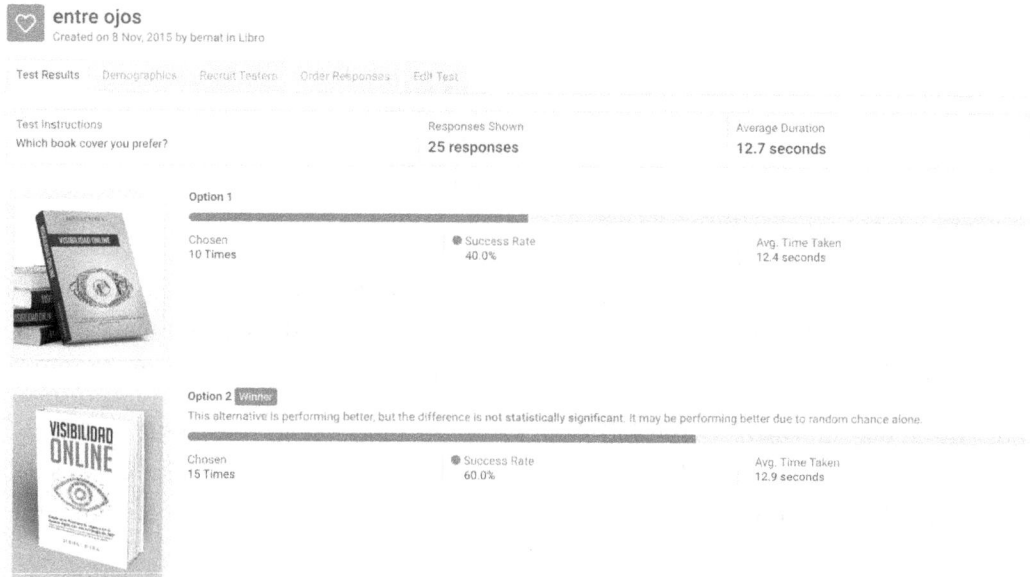

- Puedes usar este test para comparar y preguntar lo que quieras, por ejemplo, dos títulos de una página, o dos anuncios de Google para ver cual llama más la atención. Yo lo utilicé para tener más opiniones acerca de diferentes posibles diseños de portada para este libro:
- **Nav flow test:** con este test puedes preguntar a los usuarios diferentes pasos para llegar a un objetivo, y puedes observar si siguen el camino esperado o no.
  La navegación estará compuesta de imágenes por lo que aunque se equivoquen en su primer clic, verán la segunda imagen que has preparado y al clicar en una posición de nuevo, les aparecerá la tercera imagen. Si nadie falla en la navegación es que tu diseño es perfectamente intuitivo.

HERRAMIENTA #3: USERTESTING.COM (GRABACIONES DEL USO EN VIDEO)

Cuando ya estés desarrollando el diseño final y estés a punto de lanzar tu página, para por un segundo y haz lo siguiente. Busca usuarios de tu alrededor (siempre que cumplan los requisitos de potenciales usuarios de tu web) y pídeles que al entrar a la web, intenten inmediatamente hacer una tarea específica.

Imagino que les pedirás que hagan algo con lo que obtendrías beneficio de tus clientes reales. Estas tareas pueden ser:

- Entra en la web y reserva mesa para el martes a las 19h.
- Compra las zapatillas Nike de la talla 42, rojas.
- Descárgate el último podcast que hay disponible.
- Intenta enviarme un email.

Aunque te parezca mentira, y te lo digo por experiencia, los usuarios no lo verán tan fácil como tú. Con uno de mis primeros diseños para una web de anuncios de segunda mano, les pedí a algunos conocidos que subieran un anuncio mientras yo grababa cómo lo hacían.

Ese diseño tenía un menú superior con letras en mayúscula que decía "PUBLICAR ANUNCIO", ¡pues nadie lo veía! Iban a contacto, a preguntas frecuentes, a los enlaces del pie de página, etc. La subida de productos de pago era una de las principales fuentes de ingreso y nadie podía encontrarlo fácilmente.

Pregúntale a personas de diferentes edades, sexos y profesiones. Cuando veas un patrón común en todos ellos, cambia la web para hacérselo más sencillo. Una vez hecho el cambio, busca un público diferente y repite el proceso.

Existen portales como usertesting.com, con los que puedes obtener videos de usuarios de todo el mundo usando tu web para detectar problemas.

Podrás encargarles una tarea, y siguiendo tus instrucciones por escrito sobre lo que quieres que hagan, obtendrás una grabación de la pantalla de su ordenador, incluso con audio, en donde explican lo que están buscando y haciendo en cada momento.

HERRAMIENTA #4: CLICKTALE O MOUSEFLOW (MAPAS DE CALOR)

Otra solución que se complementa con el resto de herramientas es el análisis de los mapas de calor, los cuales te muestra a modo de diferentes tonalidades, desde azul a rojo, cómo se ha movido la mayoría de los punteros de ratón en una determinada página, además de visualizar dónde han clicado.

Es muy útil para detectar cuál es el principal recorrido de los ojos de tus usuarios cuando aterrizan en tu diseño web y qué enlaces son los más predominantes en el menú, o si las imágenes del contenido distraen o sirven para tu principal objetivo.

Con sistemas más completos podrás analizar en qué paso los usuarios abandonan el registro de un formulario, ya que quizá tiene demasiados campos o hay uno específico que representa un problema y muchos acaban yéndose al verlo.

Hay diferentes opciones en el mercado que te permiten este análisis, desde gratuitos como Google Analytic, hasta productos más específicos y completos como Clicktale o Mouseflow. La mayoría de estos software tienen un coste, pero mediante sus versiones de prueba de 30 días ya te permiten empezar a tener una idea.

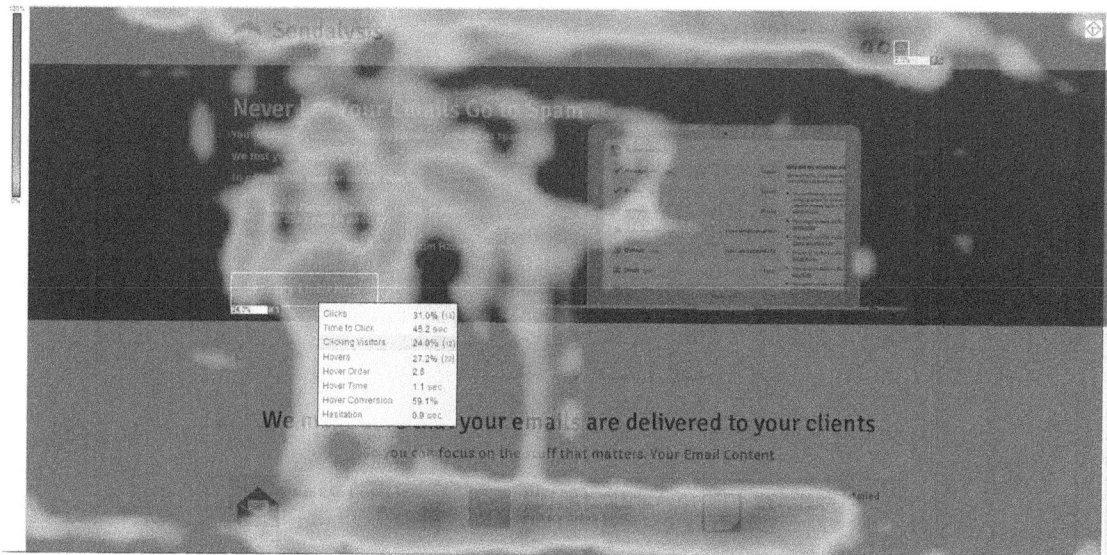

FASE 6

ANÁLISIS Y MEDICIÓN

36. GOOGLE ANALYTICS: TU TRÁFICO WEB AL DETALLE

La herramienta de análisis número 1, completa, gratuita y con la fiabilidad de Google. Son muchos los diferentes análisis que podemos hacer con esta plataforma y la información al detalle que podemos obtener, por lo que se podría escribir un libro entero sobre ello, pero haré como con los otros capítulos de similar complejidad: ir a lo más importante, darte las pautas sobre cómo navegar, y qué información debes procesar e interpretar para tomar decisiones que mejoren tus resultados finales.

Para poner en marcha Google Analytics tendrás que tener una cuenta de Google e ir a google.com/analytics. Si ya has creado una para Gmail, Google Ads, YouTube u otros servicios de Google, accederás a Analytics con un solo clic.

ESTRUCTURA DE WEBS Y JERARQUÍAS EN GOOGLE ANALYTICS

Puedes tener varias páginas webs en la misma cuenta. Para añadir una, clica en "añadiendo un nuevo sitio web" e introduce la URL.

Te solicitará un nombre de cuenta y otro de propiedad, te explico enseguida lo que significan. No son definitivos, siempre puedes ir a editarlos a través de la pestaña de 'Administrador'.

Los diferentes niveles definen la agrupación de sitios web y sus informes de análisis, además de las diferentes propiedades y características que podrás configurar en cada uno de los niveles. Estos son:

Cuenta

Como nivel más alto en la escala. Si tuvieras diferentes páginas webs de diferentes clientes de las que tienes visibilidad, entonces aquí podrías crear una cuenta para cada grupo de páginas web / cliente.

La configuración en este nivel es más para dar acceso a otros usuarios a todas las propiedades que contenga la cuenta.

Propiedad

Es uno de los niveles más importantes, ya que deberías tener una propiedad por dominio, subdominio o app. Analytics generará un código por cada propiedad que agregues con un único identificador que deberás colocar en el dominio en cuestión.

La pieza de código se colocará en la web a través del apartado "Información de seguimiento". Recuerda que un subdominio es una web diferente del dominio principal, por lo que si tienes apple.com y store.apple.com, necesitas tener dos propiedades con dos códigos generados.

También será en este nivel en donde se te permitirá enlazar Analytics con otros productos de Google, como Google Adsense, Search Console o Google Ads, muy fácilmente si todo está bajo la misma dirección de Gmail.

Finalmente, una característica muy interesante para tus campañas online, es crear audiencias para tus campañas de "Remarketing". Elaboraré en un apartado especialmente dedicado a esta estrategia.

Vista

Para cada propiedad también se generará una vista de informe por defecto, aunque podrás crear otras.

Por ejemplo, podrías tener mucho tráfico en ciertas páginas, y podrías decidir que éstas se puedan ver directamente, como pudiera ser la tienda de tu web (midominio.es/tienda) o el blog (midominio.es/blog).

Así que, bajo la propiedad de midominio.es, dispondrías de tres vistas: la home page (midominio.es), la tienda (midominio.es/tienda) y el blog (midominio.es/blog).

Adicionalmente, en vistas podrás incluir informes ya filtrados por defecto con la información que quieres ver. No tan sólo una página específica como en el ejemplo anterior, sino ver sólo los datos de cierta fuente de tráfico como el orgánico o el de Facebook.

Muchas veces el nombre dado por defecto, tanto en este nivel como en el de vista, no es el más intuitivo cuando tienes que buscar por la web, pero éste es fácilmente editable yendo al apartado de 'configuración' en su respectiva columna.

En el nivel de vista también se configuran los "Objetivos", que será el identificador de éxito para tu tráfico. En este apartado, configurarás lo que tú consideras una conversión u objetivo cumplido. Algunos ejemplos que podrías configurar son:

- Ver una página específica. Cada vez que los usuarios vayan a una determinada página, la cual podría ser la página de "gracias" al terminar una compra o completar una solicitud a través de un formulario de contacto (http://midominio.es/ventacompleta) contará como una meta cumplida.

- Un determinado comportamiento de los usuarios. Podrías considerar un objetivo cumplido si los usuarios pasan más de 2 minutos en tu web navegando o leyendo. O al navegar a través de más de 3 páginas.

- Por eventos. Seguir los clics que suceden en determinados puntos de la web, como en un botón para descargar un archivo PDF o en una imagen. Para seguir estos eventos, será necesario configurar una pequeña pieza de código en los botones o enlaces.

NIVELES DE ACCESO PARA OTROS USUARIOS

En todos los niveles anteriores, podrás configurar los usuarios que tienen acceso a ellos y sus derechos. Estos se heredan hacia abajo, por ejemplo, si tienes un permiso de edición a nivel de cuenta, también lo tienes en sus propiedades y vistas. Los niveles de permisos pueden ser:

- Administrar usuarios: Es el nivel que darás a esos que podrán agregar o eliminar usuarios. Este permiso no incluye los otros niveles como el de edición o colaboración, por lo que los seleccionarás independientemente.
- Edición: podrás otorgar funciones administrativas y relacionadas con los informes, como agregar cuentas, propiedades, objetivos, enlazar otros productos como Google Ads, etc. Incluye permisos de colaboración.
- Colaboración: Para colaborar en elementos compartidos, editar un panel o anotación. Incluye acceso de lectura.
- Lectura y análisis: Para consultar los datos de los análisis pero sin poder colaborar.

CONFIGURAR EL CÓDIGO DE GOOGLE ANALYTICS

Desde el primer momento que lances tu página web, asegúrate de tener la herramienta de Google Analytics perfectamente instalada para el correcto seguimiento del rendimiento de tu web.

Desde el nivel de propiedad, y accediendo a "Información de seguimiento", accederás al panel que te mostrará una pieza de código como la mostrada a continuación:

```
<script>
  (function(i,s,o,g,r,a,m){i['GoogleAnalyticsObject']=r;i[r]=i[r]||function(){
  (i[r].q=i[r].q||[]).push(arguments)},i[r].l=1*new Date();a=s.createElement(o),
  m=s.getElementsByTagName(o)[0];a.async=1;a.src=g;m.parentNode.insertBefore(a,m)
  })(window,document,'script','//www.google-analytics.com/analytics.js','ga');
  ga('create', 'UA-22Y37X91-1', 'auto');
  ga('send', 'pageview');
</script>
```

Ésta tiene que ir en cada página de tu web, y para hacer eso, lo mejor es colocarlo en un elemento que todas las páginas compartan, como son la cabecera (header) o el pie de página (footer).

Para encontrar el archivo *header.php* en tus archivos web, debes acceder vía FTP al directorio de tu web y buscar el *header* que está en la plantilla de tu web. Date cuenta de que tendrás un archivo llamado *header.php* en cada una de las plantillas que tengas en tu WordPress, así que debes localizar y pegar el código en el directorio en donde está tu plantilla actual activa. Por ejemplo:

`/wp-content/themes/miplantila/header.php`.

A continuación, pega esas líneas antes de que se cierre el encabezado con su tag de cierre </head>.

Pero también tienes otras opciones más fáciles. Puedes descargar e instalar el plugin "Header and Footer" de la librería gratuita de WordPress que te permita fácilmente colocar este código.

PRINCIPALES MÉTRICAS EN GOOGLE ANALYTICS

Desde la pestaña superior de inicio o informe, accederás al panel principal de visualización mostrándote las métricas más relevantes a modo de resumen para un determinado periodo de tiempo, el cual podrás cambiar seleccionando el margen temporal que prefieras desde el calendario de la esquina superior derecha.

En el informe principal, ya se descubren las métricas de análisis más relevantes para el tráfico online, aunque toda la información puede ir mucho más gradual con los filtros y apartados siguientes. Es importante reconocer los principales y lo que estos determinan:

Sesiones: El número total de veces que tu web ha sido visitada por tus usuarios. Aquí se ignora el número de usuarios que han accedido, por lo que si la misma persona accede 100 veces a tu página se contabilizarán 100 sesiones.

Usuarios: Representa sólo las personas que han accedido. Siguiendo el ejemplo anterior, sólo se contaría un solo visitante. Para mí es un de los valores más importantes de mi tráfico web, ya que me indica a cuántas personas nuevas alcanzo cada semana por mis esfuerzos en posicionamiento, redes sociales o campañas de publicidad.

Número de visitas a páginas: Cuenta el número total de interacciones con páginas de nuestra web acumuladas por todos los usuarios en todas sus sesiones.

Porcentaje de nuevas sesiones: Muestra la relación de nuevos usuarios comparado con los que te conocen y repiten. Estos también son importantes, ya que demuestra que les ofreces valor cada vez que vuelven, además de recordarles tu web o marca para cuando tengan que comprar de nuevo.

Idealmente, tanto nuevos usuarios como los que regresan, deberían incrementar con el tiempo. Pero es complicado indicar un porcentaje de referencia, ya que dependerá de tu meta: Si te interesa mostrar productos de tu web a nuevas personas, entonces un ratio acertado sería alrededor de 70% de nuevos visitantes vs 30% de los que regresan. Pero si tu negocio online está enfocado a un sector nicho o basado en la confianza y reconocimiento de tu marca, donde los usuarios consumen tu contenido de forma regular, entonces te interesa llegar a más gente mientras sea posible, pero sobre todo conservar tu público.

Páginas / sesión: A la hora de navegar y reducir el porcentaje de rebote, es muy útil valorar este parámetro sabiendo que, si sólo miran una o 2 páginas, deberías reconducirlos de página en página hasta que acaben en tu objetivo de conversión.

Porcentaje de rebote: representa el número de visitantes que se van de la web cuando justo acaban de aterrizar, o bien volviendo atrás a los resultados de búsqueda, o cerrando la página sin navegar en ella.

Como menor sea este porcentaje, mejor. Ya que si es elevado, deberías entender que los visitantes o usuarios no están encontrando lo que buscan directamente en tu home page. Y así también lo entiende Google. Si un usuario busca en Google, clica en tu resultado y a los segundos después éste vuelve atrás en busca de un resultado mejor, hace parecer que Google hizo mal su función, por lo que la próxima vez que otro usuario busque por lo mismo, te mostrará tu enlace alguna posición más abajo.

EXPLORANDO FILTROS E INFORMACIÓN EN INFORMES EN GOOGLE ANALYTICS

En el panel de la izquierda verás seccionados diferentes grandes grupos de análisis:

Tiempo real

El apartado de "tiempo real" te mostrará todos los visitantes en este momento instantáneo en tu web. Puede ser muy útil para analizar el lanzamiento de una campaña a la que quieres seguir de cerca, o para comparar el tráfico en un determinado momento cuando se televisa el anuncio de tu empresa u otra publicidad como radio.

Obtendrás información detallada sobre su localidad y números de visitantes, ¡incluso por segundos!

Audiencia

Es el lugar en donde encontrar todos los detalles a nivel de usuario. En la subpestaña "Visión general", obtendrás un panel de resumen de los datos, pero siempre puedes indagar más profundamente desplegando las otras como:

Demográfico: Género de tus usuarios y dónde están. Muy útil para quizá descubrir que tu mejor audiencia son, por ejemplo, hombres de entre 35 a 55 años de 5 ciudades específicas de España, y así poder enfocarte en ellos en tu próxima campaña de publicidad.

Sistema y móviles: Navegadores y dispositivos desde los que tus usuarios navegan. Te recomiendo que identifiques los más relevantes y usados, y testees cómo se muestra tu página a ellos y cómo es su experiencia al navegar. Puedes utilizar dispositivos reales si los tienes, o mediante webs que ofrecen simuladores de todos los dispositivos y navegadores, como browserstack.com.

Adquisición

Siguiendo desde el punto anterior, sobre desde dónde llegan los usuarios, el informe de "Adquisición" te dará la información sobre los diferentes canales de tráfico posibles, como son:

Directo: Aquellos usuarios que introducen en el navegador directamente tu dominio. Con ello puedes medir los clientes que son fieles a tu marca y van a obtener tu contenido directamente. Muchos de ellos lo tendrán guardado en sus favoritos o marcadores de su Google Chrome.

Analizar la tendencia de este tráfico te permite evaluar la lealtad o reconocimiento de tu marca a lo largo del tiempo, o detectar un pico de tráfico cuando has hecho alguna campaña offline como aparecer en un periódico local. De esa forma puedes ver, por ejemplo, cómo ese día tienes un incremento del 30% en tráfico de los que han introducido manualmente la URL, asumiendo que la han visto en las páginas del periódico.

- Orgánico

Las visitas recibidas desde los motores de búsqueda. Probablemente la mayoría sea desde Google, pero podrás averiguar si otros buscadores como Bing o Yahoo también han participado.

Además, si tienes Analytics enlazado con la consola de búsqueda (o Search Console), podrás obtener detalles sobre la posición y las palabras buscadas que dirigieron el tráfico a tu web. En la subpestaña "Optimización en buscadores" encontrarás más detalles sobre esta fuente de tráfico.

- Pago

El informe de pago reflejará aquellas visitas que lleguen a través de alguna campaña de publicidad. Éstas pueden ser desde cualquier plataforma, como Google Ads, banners en webs, publicidad en Facebook, entre otros.

Si también estás a cargo de las campañas de Google Ads, te recomiendo enlazar Analytics con Google Ads e ir a la subpestaña "Google Ads" para relacionar todas las visitas y sus métricas a tus campañas, palabras clave y coste.

- Social

Tráfico proveniente de las redes sociales como Facebook, Instagram, Pinterest, Twitter, entre otras.

- Referencia

Las visitas referenciadas desde otra web a través de sus enlaces a tu sitio. Y, como te dije en el capítulo de SEO, es un tráfico muy importante, ya que indica a Google cuántas webs hablan de ti ahí fuera. Y mientras más influencia tengas en tu industria (palabras clave similares), entonces más positivo será ese flujo de tráfico de ellos hacia ti.

El tráfico referencia no incluye otras fuentes ya consideradas en otras categorías como la social o buscadores.

Canales y medios – Usando códigos UTM

Puedes añadir ciertos parámetros universales (o UTM codes) al final de todas las URLs que dirigen tráfico a tu web y que están bajo tu control de ser editadas, como el de las campañas de publicidad, sin que alteren el contenido final de tu página web. Existen varios parámetros, aunque los más usados son el de campaña (utm_campaign), fuente de origen (utm_source), medio o canal (utm_medium).

Los UTMs se entrelazan entre ellos sin importar el orden a través del símbolo '&', y todos ellos se pegan a la URL original a través del símbolo '?'. Su orden no importa. Por ejemplo:

```
http://miweb.es/restaurante/menu?utm_campaign=Publicidad-
Navidad&utm_source=Facebook&utm_medium=ad-red-mobile
```

Estos códigos o etiquetas que le pongo a la URL, me aparecerán también en mi informe de Google Analytics en "Source / Medium" o "Fuente / Medio" indicándome todo el tráfico que han generado con sus estadísticas individuales.

Aunque en su valor puedes configurar lo que quieras, te recomendaría que fueras constante en tu asignación de valores a través de los diferentes canales.

Google proporciona una herramienta para generar estos códigos fácilmente, tan sólo introduciendo los parámetros que quieras. Visita:

https://support.google.com/analytics/answer/1033867?hl=es

y deslízate debajo de todo, donde te muestra los campos para introducir tu página web, campaña, etc. Y al completarlo, clica en 'Generar'.

Copia y pega esa dirección en donde pertenezca. Por mi ejemplo, esta URL irá a la campaña de publicidad que preparo para Navidad en Facebook, específicamente en los anuncios que se mostrarán en los móviles con fondo rojo para mi identificación.

Además de estos, puedes configurar otros como utm_term, utm_keyword, utm_content, etc.

	Source / Medium	Sessions ↓
👤 AUDIENCE		
⤳ ACQUISITION		
Overview		44,972
▾ All Traffic		% of Total:
		100.00% (44,972)
Channels		
Treemaps	1. (direct) / (none)	20,399 (45.36%)
Source/Medium	2. google / organic	11,140 (24.77%)
Referrals	3. Facebook / red-ad-mobile	1,654 (3.68%)

Comportamiento

Flujo de usuarios: Una gráfica muy interesante para ver el flujo de tu tráfico a través de las páginas detecta cuál es la página más visitada y adónde siguen después de ella.

Por otra parte, identifica la página en donde se produce la mayor salida de usuarios e intenta mejorarla para reducirla.

Los filtros superiores te ayudarán a iniciar ese análisis desde donde prefieras, por ejemplo, desde una ubicación geográfica en particular, o a través de un canal específico desde el que llegan.

Verás si dependiendo del caso, tu página de aterrizaje varía, o si el comportamiento de navegación es diferente según si los usuarios te han encontrado por los resultados orgánicos, desde campañas de pago, conociendo la marca y accediendo a la web directamente, o desde las redes sociales.

En el menú lateral de Comportamiento, podrás encontrar uno de los análisis más importantes sobre la navegación de los usuarios en tu web, que consiste en estadísticas individuales para cada página o URL distinta. Puedes ver en informe completo y filtrar la lista de todas las páginas para obtener el número total de visitas en un determinado periodo de tiempo, porcentaje de rebote, etc.

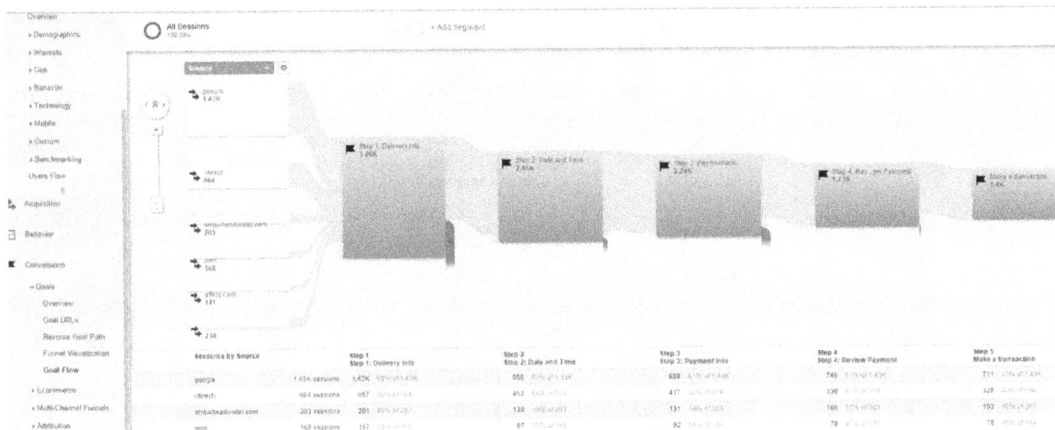

Por ejemplo, si quiero saber cómo van las visitas a la galería de cuadros y el tráfico a todos los cuadros individualmente, puedo filtrar en la barra de búsqueda por '/cuadro/'.

Velocidad

Indica el tiempo medio de carga de las páginas, lo que ayuda a tener una referencia individual a nivel de página y detectar ciertas que pueden tardar más de la media, quizá debido a grandes imágenes o cantidad de contenido. Cuando detectes con Analytics qué páginas son las más lentas, entonces llévatelas a ser analizadas con otras herramientas que te desglosen los tiempos por cada elemento de la página, como Pingdom (https://tools.pingdom.com/).

Conversiones

Para obtener datos en este apartado, tendrás que configurar las metas en primer lugar desde el panel de administración, seleccionando la propiedad y vista que quieres, seguido de "Objetivos".

Para mí es uno de los elementos básicos de nuestro análisis, y es donde paso la mayor parte del tiempo, ya que aquí es donde medirás el éxito de tu tráfico y de todas tus campañas online. Si

220

sólo analizas visitas, pero no tienes claro lo que quieres obtener de ellas, de nada servirán tus campañas SEO o SEM, o tu duro trabajo en publicar en las redes sociales.

Decide qué tiene que pasar en tu web para que consideremos que estás teniendo éxito. Estos objetivos pueden ser:

- Visitas a ciertas páginas de la web, como la de contacto, pedir una cita o solicitud de presupuesto.
- Venta de un producto
- Tiempo en el sitio o en determinadas páginas
- Dinero generado por publicidad.

Una vez creados, podrás analizar desde el menú de *conversiones* cuándo, cómo, quién y dónde se producen estas conversiones. Qué canales participan en la generación de nuevas conversiones, entre otros.

Gráfico del embudo, conversiones asistidas, o rutas de conversiones, te mostrarán información muy interesante para entender con más detalle qué tan bien o mal están funcionando tus campañas de publicidad u otros canales. ¿Quién ayuda a quién a generar más conversiones? ¿SEO a los anuncios de pago, o viceversa?

Mucha gente invierte en publicidad de display (banners en webs) para incrementar la percepción de la marca, y después buscan por ella, siendo la búsqueda de Google la que se lleva el éxito.

Aunque por mi experiencia, muchas veces sucede lo contrario: Usuarios buscan, investigan y se van, pero convierten días más tarde al ver un banner en una web a modo de recordatorio. Por lo que la publicidad display se llevaría el éxito en este caso si la atribución fuera al último clic.

ATRIBUCIÓN DE CONVERSIONES DE DIFERENTES CANALES

La mayoría de las veces sólo damos valor al último clic o canal de tráfico, cuando en realidad pueden haber intervenido más de 5 paradas en su camino de conversión.

Por lo cual, un informe interesante también es ver a quién le asignamos el valor de la conversión: ¿al primer clic que originó el camino a la conversión?, ¿al último clic que finalmente se llevó el gato al agua?, ¿o una combinación entre ambos? Esto es lo que podrás analizar a través de 'Atribución' > Herramienta de comparación de modelos.

Por ejemplo, si sólo miramos a Google Analytics o Search Console, podríamos descubrir que la mayoría del tráfico de nuestra web es gente buscando por el nombre de la marca, pero realmente estos usuarios buscaron en Google por un producto. Probablemente clicaron en uno de nuestros anuncios, después nuestras campañas de remarketing le mostraron un banner en alguna web, vieron nuestra publicación compartida en Facebook, y finalmente googlearon nuestra marca, nos visitaron, y compraron a través del primer resultado orgánico.

Dado este ejemplo, no podemos pensar que sólo el posicionamiento SEO ha dado su fruto y que el dinero gastado en social, display o búsqueda no ha servido para nada. De hecho, parte de la atribución del mérito de la venta tiene que asignarse a esos canales y campañas.

En este apartado visualizarás cuántas conversiones o ingreso vino si atribuimos el resultado al que consiguió el último clic, al primero, u otro como lineal, dando valor por igual a todos los participantes.

INFORMES PERSONALIZADOS:

Desde el momento que accedes a la página de inicio de Analytics, encontrarás los principales valores en un determinado rango de tiempo, el cual puedes cambiar en la esquina de la derecha superior. También puedes configurar tus propios informes mediante diferentes gráficos, tablas y mapas.

Tan sólo tienes que clicar en 'Paneles' y '+Nuevo Panel' para crear una nueva visualización de tu

222

información. Verás que a la derecha de todo, sugiere que navegues por su galería donde otros ya han creado sus informes y puedes importarlos fácilmente. También puedes acceder desde aquí: https://www.google.com/analytics/gallery/

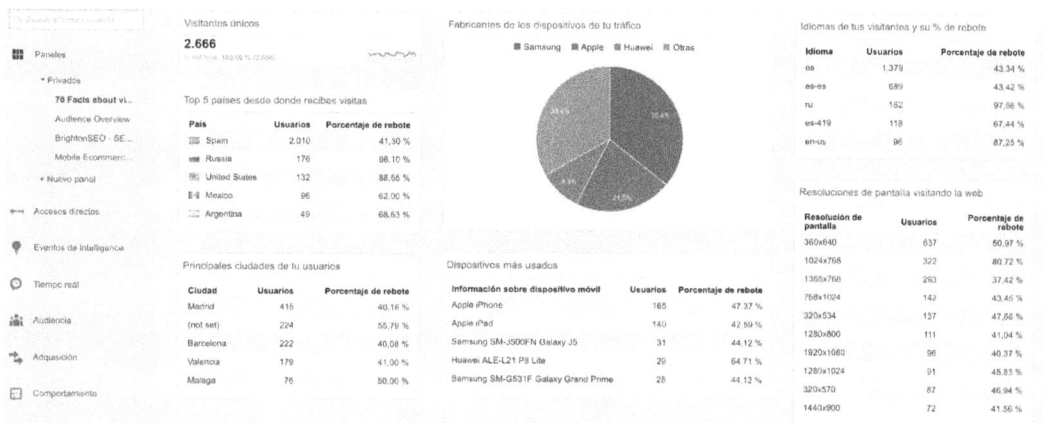

Visitantes únicos

2.666

Top 5 países desde donde recibes visitas

País	Usuarios	Porcentaje de rebote
Spain	2.010	41,30 %
Russia	176	98,10 %
United States	132	88,66 %
Mexico	96	62,00 %
Argentina	49	68,63 %

Principales ciudades de tu usuarios

Ciudad	Usuarios	Porcentaje de rebote
Madrid	416	40,16 %
(not set)	224	55,79 %
Barcelona	222	40,08 %
Valencia	179	41,90 %
Malaga	76	50,00 %

Fabricantes de los dispositivos de tu tráfico

■ Samsung ■ Apple ■ Huawei ■ Otras

Dispositivos más usados

Información sobre dispositivo móvil	Usuarios	Porcentaje de rebote
Apple iPhone	165	47.37 %
Apple iPad	140	42.59 %
Samsung SM-J500FN Galaxy J5	31	44.12 %
Huawei ALE-L21 P8 Lite	29	64.71 %
Samsung SM-G531F Galaxy Grand Prime	28	44.12 %

Idiomas de tus visitantes y su % de rebote

Idioma	Usuarios	Porcentaje de rebote
es	1.379	43.34 %
es-es	689	43.42 %
ru	162	97.58 %
es-419	118	67.44 %
en-us	96	87.25 %

Resoluciones de pantalla visitando la web

Resolución de pantalla	Usuarios	Porcentaje de rebote
360x640	637	50.97 %
1024x768	322	80.72 %
1366x768	263	37.42 %
768x1024	142	43.45 %
320x534	137	47.58 %
1280x800	111	41.04 %
1920x1080	96	40.37 %
1280x1024	91	45.83 %
320x570	87	46.94 %
1440x900	72	41.56 %

37. GOOGLE SEARCH CONSOLE: RENDIMIENTO DE TU WEB A OJOS DE GOOGLE

Anteriormente conocido como Webmaster Tool, el Search Console te ayudará a configurar correctamente tu web para que los robots de Google la escaneen, y para realizar un seguimiento del rendimiento de tu web.

Validando tu propiedad web en esta herramienta, obtendrás diferentes informaciones sobre tu posicionamiento que no puedes obtener a través de Google Analytics por sí solo, como en qué posición orgánica apareció tu web por una determinada palabra clave.

Además, te permitirá diagnosticar los principales problemas que podrían impactar en tus rankings que ya vimos en la fase 2, como el bloqueo de los robots a través de tu archivo robots.txt, el número de páginas indexadas que Google ha rastreado a través de tu sitemap.xml, el tiempo que tarda la web en cargar, entre otras funcionalidades.

OBTÉN TODA LA INFORMACIÓN QUE NADIE TE HABÍA MOSTRADO ANTES

Antes de entrar en detalles de su configuración (la cual es muy simple), prefiero comentarte el valor que obtendrás usando la herramienta:

- Te asegurarás de que Google puede acceder y rastrear tu sitio para mostrarlo en sus resultados orgánicos.
- Decirle a Google del nuevo contenido de tu web para que lo rastree y posicione lo antes posible, así como eliminar resultados que no quieres que se muestren.
- Monitorizar el posicionamiento de tu web para determinadas búsquedas, y ver cómo tu visibilidad va incrementando día a día a través del número de impresiones. Recuerda que Google Analytics te muestra el tráfico a tu web, pero aquí descubres cuántas veces apareciste en Google a pesar de no llevarte el clic.
- Estructurar tu contenido, lo que puede ser muy útil si tienes una tienda online, ya que le enseñas a Google dónde suele estar el precio, el título, referencia del producto, entre otros, y analizar todas las páginas similares con la misma estructura.
- Rendimiento en móviles.
- Qué sitios webs tienen enlaces hacia tu página.

CONFIGURA TU WEB EN GOOGLE SEARCH CONSOLE

Para configurar tu web en Google Search Console, accede a google.com/webmasters/ con la misma dirección que utilizas en todos tus servicios Google e inicia sesión con el botón de la derecha. Una vez dentro, clica la pestaña de la derecha que pone 'añadir sitio' e introduce la URL.

Tendrás varias opciones para verificar que eres el propietario de la web mediante la inserción de algún tipo de archivo o código para que pueda comprobar que tienes acceso a ella.

Una forma muy rápida es a través de Google Analytics, ya que para añadir esa propiedad ya tuviste que añadir su trozo de código. O también puedes descargar un pequeño archivo HTML que tendrás que subir a la raíz de tu página mediante una conexión de FTP. Cuando lo hayas subido, clica en 'verificar' y Google accederá a esa dirección para ver que lo has colocado.

INTEGRACIÓN DE GOOGLE ANALYTICS CON SEARCH CONSOLE

Lo bueno de todos estos productos de Google, es que se pueden entrelazar y exponerlos al máximo, como el caso de Analytics con Google Ads, Adsense y Search Console.

Las tres herramientas son independientes y te informan de diferentes cosas, por lo que enlazándolas, pasarás la información de una a otra y conseguirás ver una información mucho más completa en cada una de ellas.

Para enlazar las propiedades, dirígete a la configuración de tu web en Google Search Console con el botón de la tuerca a tu derecha y selecciona "Propiedad de Google Analytics". Te mostrará un listado de las diferentes propiedades que tienes en Google Analytics. Selecciónala y guarda.

ANALIZA POSIBLES PROBLEMAS DE RASTREO

En el menú de la izquierda, identificarás un apartado muy importante llamado "Rastreo". En él encontrarás diferentes subapartados, como "Errores de rastreo", que te informa de todas las anomalías que Google ha encontrado al rastrear el sitio y todos los códigos de respuesta que obtuvo que podrían estar afectando a la experiencia de los usuarios, como errores de servidor de código 500, o páginas no encontradas como códigos 404.

En "Estadísticas de rastreo", también podrías detectar a tiempo un incremento inesperado en el tiempo de descarga de una página. Quizá el último contenido que subiste contiene una sobrecarga de imágenes difícil de manejar para los usuarios que deberías corregir u optimizar.

El "probador de robots.txt" te advierte de posibles malas configuraciones y bloqueos que Google ha encontrado. Aparte de mostrarte las líneas de código de tu archivo, te permite comprobar que todo se escanea correctamente introduciendo una de las páginas de tu web (o la URL principal) y clicando en probar.

Otro archivo clave en ofrecer una lectura fácil a los robots, es el archivo sitemap.xml. En su subapartado te informa sobre posibles incidencias en la lectura de ciertas páginas. Te recomiendo que vayas chequeando su estado, ya que aunque veas que sean sólo advertencias y no errores, su reincidencia podría resultar en error.

En el apartado "Aspecto de la búsqueda", encontrarás las siguientes herramientas con las que podrás ayudar a los robots a entender mejor tu sitio:

ANALIZA TU POSICIONAMIENTO

Análisis de búsqueda

Como empecé diciendo en este capítulo sobre las ventajas de usar el Search Console, era por la información que no podemos obtener de otras herramientas como Analytics, ya que aquí observamos no sólo el tráfico que recibe nuestra web, sino también las veces que nuestro sitio apareció en los resultados de Google por determinadas búsquedas y su posición media en la que apareció entre todas esas veces por una palabra clave.

Es muy fácil comprobar la diferencia de clics y CTR que obtienes por estar a una posición más arriba o más abajo. Verás que a veces apareciste en posiciones muy bajas, pero con términos que de todos modos no eran muy relevantes o en los que no te interesa posicionarte, por lo que es importante agrupar esta información en lo que realmente quieres ver u optimizar.

Total clicks	Total impressions	Avg. CTR	Avg. position
359	6,671	5.38%	12.6

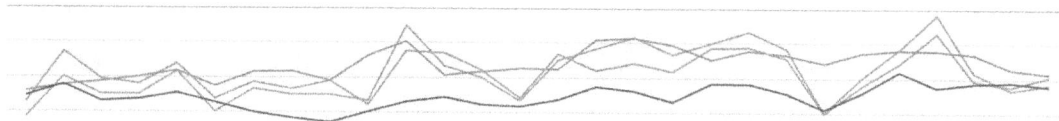

	Queries	Clicks ▼	Impressions	CTR	Position	
1	vender cuadros online	20	181	11.05%	3.2	»
2	vender cuadros	19	341	5.57%	5.9	»
3	comprar cuadros originales	14	244	5.74%	5.3	»
4	vender cuadros por internet	10	155	6.45%	7.4	»
5	donde puedo vender cuadros	7	121	5.79%	8.6	»

Enlaces a tu sitio

En este apartado descubrirás qué webs te están enviando usuarios hacia tu sitio desde el suyo, y cuál es la palabra que enlazaron con tu dominio. La mayoría enlazará la palabra de tu marca, pero a veces frases enteras, como 'El mejor hotel en la costa sur'. Por lo que es más fácil para Google saber por lo que te enlazan más que si fuera sólo un 'aquí', de 'clica aquí para descubrir más'.

38. GOOGLE ADSENSE: INFORME DE ANUNCIOS

La herramienta Adsense está a años luz de estar al mismo nivel de desarrollo de Google Ads. Básicamente porque el segundo es el que genera dinero a Google, y el primero es donde Google paga a los propietarios de webs. Por lo tanto, las funciones de optimización o informes dejan bastante que desear, pero bueno, al menos nos ofrece alguna información básica sobre qué anuncios o características de anuncios colocados por tu web te generan mayor ingreso.

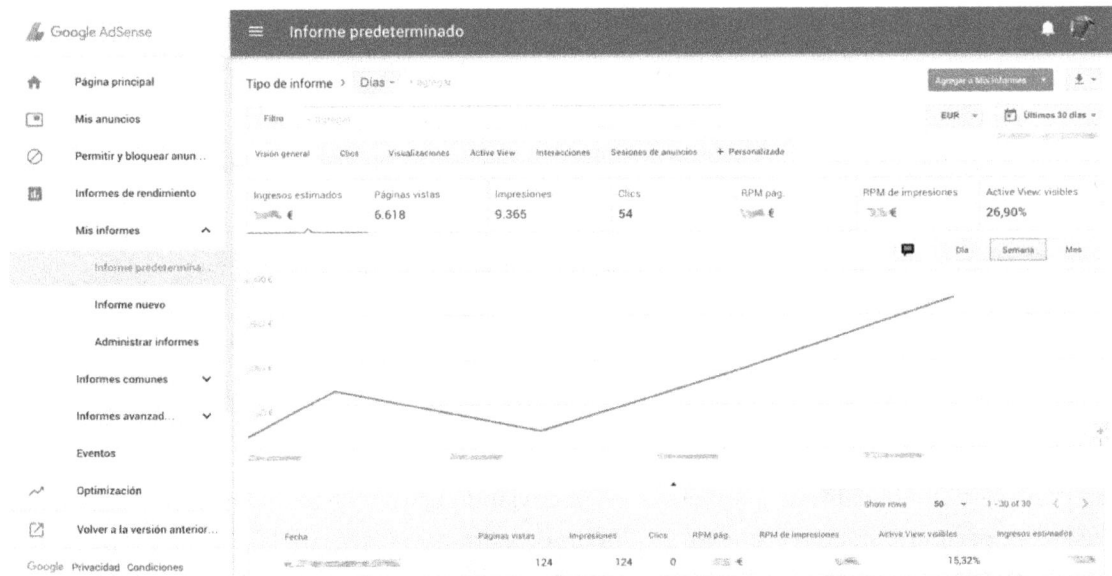

Puedes identificar qué anuncios han funcionado mejor y encontrar patrones en sus características que te permitan tomar decisiones para conseguir un incremento de ingresos cada mes.

Elementos a detectar que podrían ayudarte a optimizar según los datos que tengas son:

¿Qué tamaño de anuncio funciona mejor? De los espacios que has colocado por tu web quizá unos funcionen mejor que otros. Por ejemplo, como más grande, más clics genera. Aunque esto también podrá estar condicionado por otras de las siguientes características, así que intenta hacer una comparación justa.

¿Texto, Imágenes o Rich Media? Por lo general, los anuncios con movimiento (Rich Media) atraen más la atención de los ojos y rinden mejor. Aunque por mi experiencia, los anuncios de texto funcionan muy bien si los combinas con el contenido de tu web, ya que los usuarios pueden pensar que están mejor integrados y menos intrusivos, y a la vez, el texto ofrece más líneas de contenido e información sobre lo que va a ver el usuario.

Posición del anuncio. El dilema de querer esconder anuncios por abajo de la página en contra de intentar sacar más ingresos situándolos en la cabecera. Google pagará más por los clics que generes en los anuncios mostrados enseguida que el usuario aterriza, o lo que es lo mismo, lo más arriba posible. Incluso, es más importante cuando las visitas son en móvil.

Si tu web genera mucho tráfico, te aconsejaría incluso monetizar la web por impresiones más que por clics, ¡o eso podría ser otra cosa a testear!

39. GOOGLE DATA STUDIO: INFORME DE INFORMES

Google ha lanzado una nueva herramienta a la que puedes acceder desde Google Analytics clicando en su icono de matriz de la esquina superior derecha (o directamente en datastudio.google.com).

Google Data Studio te permite crear un informe visual de una manera completa y sencilla importando directamente, y sin esfuerzo, toda la información de tus otras propiedades de Google, como Google Analytics, Google Ads, YouTube, Google Docs, entre otras.

Podrás partir de plantillas predeterminadas o crear informes desde cero controlando no tan solo toda la información mostrada, sino también su diseño, distribución, imágenes y texto, consiguiendo un acabado totalmente profesional que podrás compartir a través de un enlace.

Al ser online (basado en el funcionamiento de Google Docs o Drive), te permite visualizar la información actualizada siempre que accedas al informe, y puedes cambiar dinámicamente las fechas sobre las que se te muestran los datos como lo harías en las plataformas individualmente.

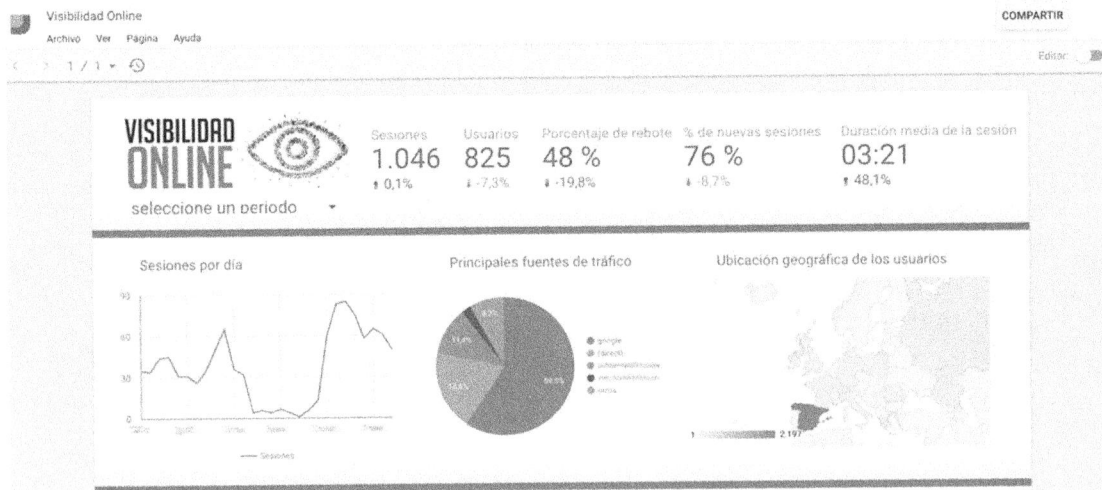

La gracia de utilizar este visor de informes, es que agruparás diferentes informaciones que se relacionan entre sí, permitiéndote tener una visión más global sobre lo que está pasando en todas tus webs y canales online, como el detalle de las palabras clave y costes de tus campañas de publicidad, a la vez que la información de Google Analytics añadirá al mix el comportamiento de los usuarios en tus páginas específicas.

La visualización de las gráficas, números, comparativas o tablas, son muy versátiles e intuitivas. Sólo tendrás que imaginar lo que te gustaría representar, y jugar un poco con la edición de los datos, con sus filas y columnas hasta dar con lo deseado. De todas formas, siempre es mejor empezar con una plantilla prediseñada y editarla para aprender cómo funciona la herramienta internamente.

En este momento, mientras escribo, la herramienta se encuentra en fase Beta y aún no incorpora la integración con otros canales ajenos a Google como Facebook o Twitter, pero imagino que está en su plan de desarrollo y quizá cuando leas este libro ya haya evolucionado más.

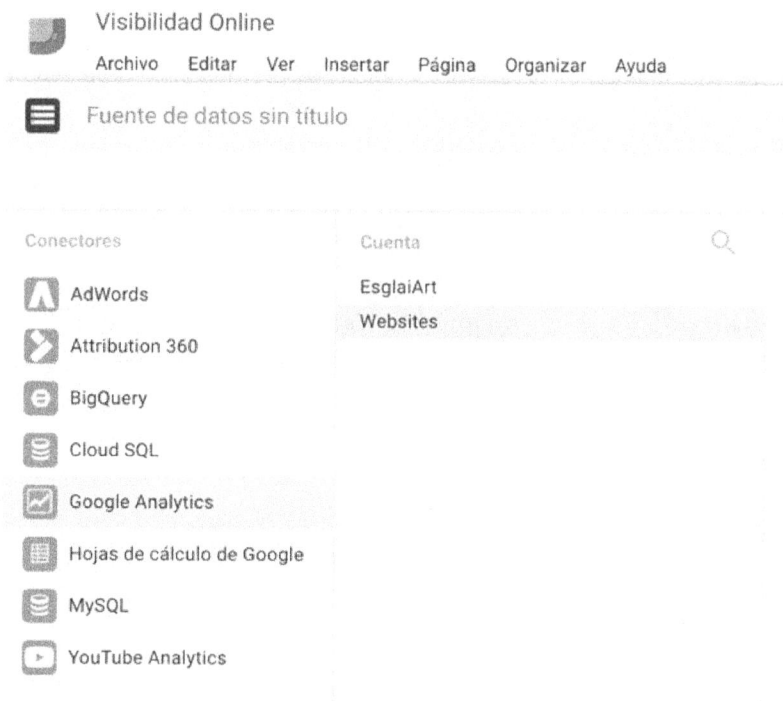

Visibilidad Online

Archivo   Editar   Ver   Insertar   Página   Organizar   Ayuda

Fuente de datos sin título

Conectores   Cuenta

AdWords   EsglaiArt
                                    Websites
Attribution 360

BigQuery

Cloud SQL

Google Analytics

Hojas de cálculo de Google

MySQL

YouTube Analytics

40. SUPERMETRICS – TUS INFORMES ONLINE CON GOOGLE DOCS

Esta extensión para Google Docs tiene funciones similares a las descritas con Google Data Studio, pero integrando muchos más canales y trayendo todos los datos a modo de tablas en Google Hojas de Cálculo. Como has visto antes, estará perfectamente enlazado con tu visualizador Data Studio, aunque Supermetrics tiene el suyo propio con un estilo un poco más básico, como gráficas de Excel.

Supermetrics te permite la conectividad con diferentes plataformas (Google Ads, Search Console, Analytics, Facebook, Bing, etc.) importando toda su información para diferentes periodos de tiempo y con los filtros que desees.

Para añadir esta extensión a tus Google Docs, googlea 'supermetrics google extension' y clica en el primer enlace a chrome.google.com. Lo instalarás clicando en 'gratis' y te direccionará a Google Sheets (el Excel de Google). Deberás aceptar algunos de los accesos que te piden.

Se abrirá una barra lateral a la derecha, pero si no la encuentras, también la puedes cargar yendo al menú superior de Add-ons > Supermetrics > Launch sidebar.

Configura los canales de los que quieras importar datos y manejar sus métricas a modo de tabla, gráfica de barras, circular o lineal. Los canales de los que puedes importar datos son:

- Bing Ads: Información de tu publicidad en Bing
- Facebook ads: Información de tu publicidad en Facebook
- Facebook Insights: Si eres administrador de varias páginas de Facebook podrías ver: nuevos fans o personas que te han dejado de seguir, alcance orgánico de tus publicaciones (gratuitas) o a través de una campaña de publicidad (de pago), número de comentarios, me gustas, entre muchos más.
- Google Ads: Tu información de la publicidad en Google
- Google Analytics: te permite traer toda la información que también es accesible desde Analytics, pero con el valor añadido de que aquí podrás interpretar todas las métricas relacionadas con otros canales y tener una imagen más completa de todo lo que puede afectar a que consigas más clientes o visitantes. Por ejemplo, si cierto día tienes un pico de visitas a tu web después de una publicación de Facebook, podrás comparar con Supermetrics cuántos nuevos fans conseguiste o perdiste ese día.

- Google Search Console: para importar información sobre el posicionamiento orgánico de tus páginas, las palabras claves que traen tráfico, las páginas o imágenes indexadas, etc.

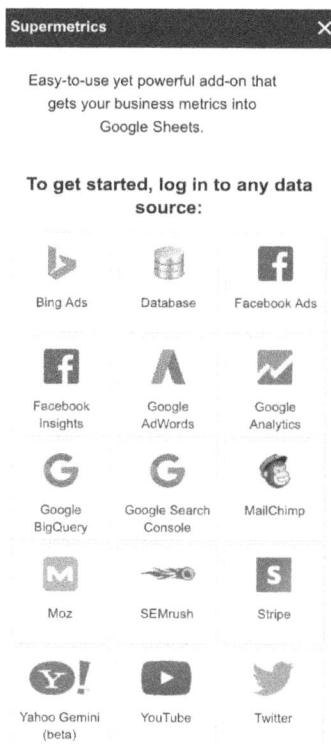

Supermetrics evita que tengas que ir a todos estos canales por separado cada día o cada semana para ver lo que pasó. En un clic tendrás un informe completo de todas tus webs y en todos sus canales.

Yo lo uso mucho para hacer un seguimiento completo de todo el tráfico de mis webs. Creo una pestaña individual por web o cliente en la que analizo ese sitio en mucho más detalle para ofrecer informes completos y no sólo de visitas, pero con reproducciones en YouTube, nuevos 'me gusta' o perdidos, rendimiento de la web en dispositivos móviles, entre muchos otros en los que nos permite ver el impacto de una campaña en 360º. Este programa nos permite ver la imagen completa de toda nuestra actividad online y la interconexión entre medios.

File   Edit   View   Insert   Format   Data   Tools   Add-ons   Help   All changes saved in Drive

Total tráfico páginas web

Resultados Facebook SegundaOrtopedia.com

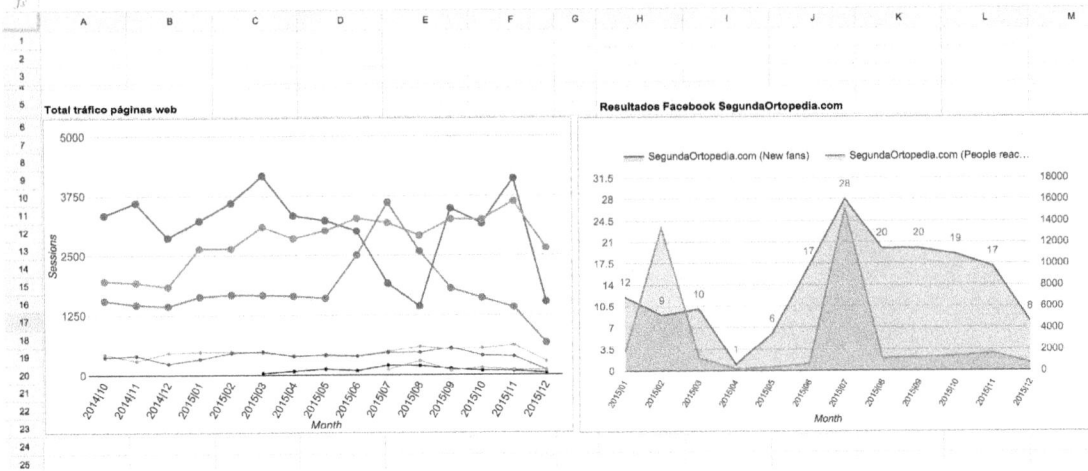

41. HOOTSUITE PARA TUS REDES SOCIALES

En este apartado, a diferencia de lo ya he dicho en la fase 4 sobre Facebook, Instagram, entre otros, no se refiere a las publicaciones de pago o promocionadas, sino a las naturales y gratuitas a las que todos estamos acostumbrados a usar en nuestra vida personal.

Ahora queremos darle esa cara humana a nuestra marca a través de una buena gestión de contenido en las redes, y empezar a construir (o mantener si ya la tienes) una buena red de contactos, seguidores y fans que vayan pasando la voz a sus amigos y conocidos.

Hootsuite es una de las herramientas más usadas, fáciles y gratuitas para manejar todos tus perfiles y páginas en las redes sociales de tu empresa o web, además de poder monitorizar y escuchar todo lo que se comenta en las redes sobre ti, tu negocio, o cualquier palabra clave que creas relevante.

Está pensado para cualquier tamaño de empresa y para cualquier número de seguidores que tengas en Facebook o Twitter. Por lo que si eres una mediana o gran empresa y debes delegar todas tus publicaciones sociales a un empleado de una agencia externa, podrás hacerlo sin miedo a través de los diferentes niveles de acceso que se ofrecen en Hootsuite, y con la seguridad más alta de acceso.

No quieres que un comentario equivocado sea visto por miles de fans en el nombre de tu empresa. No serías al primero que le pasa, pero se tiene que ir con mucho cuidado, ya que lo que pasa online, se mantiene para siempre de un modo u otro.

La voz de los usuarios tiene más peso que nunca, y la conversación entre tú y una empresa es más directa y accesible como nunca antes lo fue. Lo sabrás por tu propia experiencia, cuando has enviado un mensaje directo a través de Facebook a una empresa muy grande sin esperar respuesta y de hecho te contestaron en menos de 2 horas.

O cuando alguna vez te has quejado y has nombrado y etiquetado a dicha empresa, y ésta enseguida ha ido públicamente a contestarte el comentario de la forma más correcta y positiva para cambiar tu sentimiento negativo y el de todas las personas a las que influyes.

Existen otras que aún se resisten a ignorar lo que se comenta en las redes pensando que no le impactará, pero cometen un grave error. Hoy en día, cada opinión en las redes sociales importa.

Después de crearte una cuenta gratuita en hootsuite.com, accederás a un panel de control en donde añadirás diferentes columnas dentro de una pestaña específica, por lo que depende de ti cómo quieres organizarte.

A mí personalmente me gusta tener 3 pestañas. En una están mis publicaciones o perfiles, en otra monitorizo lo que me interesa a través de la red, y en la tercera identifico perfiles de potenciales competidores y lo que hacen en sus redes sociales. Aunque otra forma muy común de organizarse, sería crear una pestaña por red social y visualizar todo sobre esa red en la pantalla. Si tienes varios negocios, podrías tenerlas agrupadas con esa lógica.

En la parte de arriba, verás una barra en donde puedes redactar mensajes y distribuirlos a la vez a través de diferentes perfiles, reduciéndote el trabajo. Además, puedes programarlos a un tiempo futuro, lo que te permitiría, por ejemplo, escribir todos tus tweets un domingo por la noche en 30 minutos y luego irlos publicando a lo largo de la semana, por lo que ya te olvidarías de eso por un tiempo.

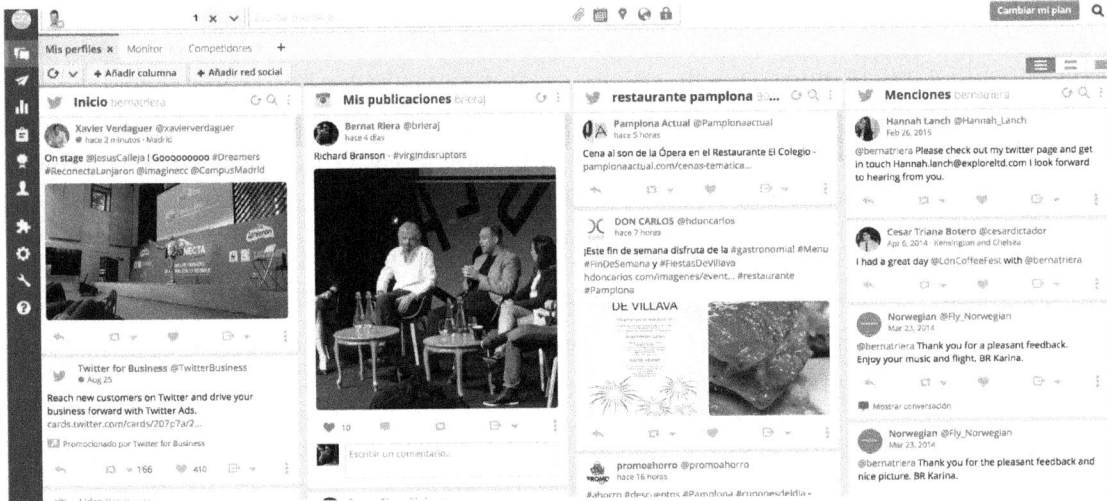

Como ves, en la primera pestaña del panel de inicio que he diseñado para este ejemplo, muestro mi perfil de noticias de Twitter, mis publicaciones de Instagram, búsquedas en Twitter sobre "restaurantes pamplona" que se irá actualizando cada vez que alguien twitee sobre estas palabras claves, y finalmente, los tweets en los que se me ha etiquetado, entre muchas otras posibilidades.

Las columnas vendrán determinadas por la información que tiene cada red social en específico, las cuales pueden ser: Facebook, Twitter, Instagram, Google+, LinkedIn, WordPress y YouTube.

Añadir una columna   −

Redes   Aplicaciones

bernatriera
Twitter

Inicio	Menciones	Retuits
Seguidores	Bandeja de entrada	Listas
Nº de "me gusta"	Bandeja de salida	Mis tuits
Búsqueda	Programados	

Añadir una columna

Redes   Aplicaciones

brieraj
Instagram

Mis publicacione	"Me gusta"	Programados
Usuario	Hashtag	Ubicación
Seguidores	Seguidos	

237

GRACIAS

Este es mi primer libro auto publicado y trato de demostrar que puedo ser capaz de posicionarlo en la parte superior de los motores de búsqueda como Amazon, así como generar pequeños royalties y ingresos pasivos como sugiero en la primera fase.

Espero haberte dado algo de valor para tu carrera o negocio. Si quieres, puedes darme feedback y escribir una review desde tu cuenta de Amazon para así ayudar a que otros emprendedores también lo encuentren y les sirva para sus retos y ambiciones.

Si has creado un negocio online que está generando ingresos pasivos, o ha logrado crear nuevas oportunidades para tu negocio que ya es visible online, también me gustaría que compartieras estas historias conmigo. Envíeme un correo electrónico a: info@bernatriera.es

www.ingramcontent.com/pod-product-compliance
Lightning Source LLC
Chambersburg PA
CBHW081011040426

42443CB00016B/3483